Die Pfalz

...wie sie lacht

Hajo Knebel

Die Pfalz

...wie sie lacht

FLECHSIG

Umwelthinweis:
Dieses Buch und der Umschlag wurden auf chlorfrei
gebleichtem Papier gedruckt.
Die Einschrumpffolie – zum Schutz vor Verschmutzung –
ist aus umweltverträglichem und recyclingfähigem PE-Material.

Wir danken allen Rechteinhabern für die Erlaubnis zu
Nachdruck und Abbildung. Trotz intensiver Bemühungen war es nicht
möglich, alle Rechteinhaber zu ermitteln. Wir bitten diese, sich an
den Verlag zu wenden.

Sonderausgabe für Flechsig-Buchvertrieb
Genehmigte Lizenzausgabe für
Verlagshaus Würzburg GmbH & Co. KG, Würzburg 2002
© Stürtz Verlag GmbH, Würzburg
Originalausgabe: Verlag Weidlich/Flechsig, Würzburg
Zeichnungen: Edwin Breiden
Gesamtherstellung: Tallers Gráfics
Printed in Spain
ISBN 3 - 88189 - 426 - 8

INHALTSVERZEICHNIS

Wenn es den Lesern beim Verkehr mit diesen gedruckten Pfälzern nur halb so warm und wohl wird, wie mir beim Verkehr mit den lebendigen Pfälzern, dann will ich von Herzen zufrieden seyn.

Wilhelm Heinrich Riehl, 1857

Einige notwendige Vorbemerkungen

Unter »Pfalz« wird hier der gesamte linksrheinische Raum zwischen der Wieslauter im Süden, dem Rhein im Osten, der Blies im Westen und der Nahe und Mosel im Norden verstanden, in der Hauptsache also der Südteil des Bindestrich-Bundeslandes Rheinland-Pfalz, oder — genauer — der heutige Regierungsbezirk Rheinhessen-Pfalz mit Einschluß der südlichen Kreise des jetzigen Regierungsbezirkes Koblenz.

Politische Gegenwart, gemeinsame geschichtliche Vergangenheit durch Jahrhunderte, die überwiegend fränkische Herkunft der Bewohner, gleiche Sitten und Bräuche und die, bei aller Unterschiedlichkeit im einzelnen, gemeinsame Mundart rechtfertigen es, dieses Gebiet als Ganzes zu betrachten und im Unterschied zu den benachbarten alemannisch-badischen, hessischen, rheinischen und moselfränkischen Landschaften als Einheit, als »Pfalz« zu sehen.

Unsere in diesem Buch vorzustellende »Pfalz« deckt sich also in etwa mit den linksrheinischen Teilen der einstigen Kurpfalz und vor allem der späteren Rheinpfalz, so wie sie Matthäus Merian 1645 (1672) in seiner »Topographia / Palatinatus Rheni / et Vicinarum Regionum / Das ist / Beschreibung vnd Eigentliche / Abbildung der Vornemsten Statte v. / Plätz der Vntern Pfaltz am Rhein . . .« in vielen Kupferstichen abgebildet und in begleitenden Texten beschrieben hat:

»Man findet in diesem Lande / was dem Menschen zur Leibsnahrung / und Auffenthaltung / noth ist. An den Bergen wächst sonderlich guter Wein / und Castanien. Die Thäler seynd mit mancherley Obstgärten gezieret. Die Ebne bringet allerley Kornfrüchten. Die Wäld / und Berge lauffen voll Hirsch / und anderen wilden Thieren. Es ziehen auch die Einwohner viel Geissen in Bergen / und Wäldern / und es wird alle Jahr ein grosse Anzahl Fisch gefangen. Es hat solches Land vom Abend das Zweybrüggische Fürstenthum / gegen Morgen Franckenland / und Würtenberg, gegen Mitter-

7

nach den Mayn und Odenwald; und gegen Mittag / das Elsaß.« Man sieht: die Grenzen der Merian'schen Pfaltz von einst decken sich in etwa mit der Pfalz unserer Tage; der Wein wächst noch immer hier; Obst und Korn (und Kartoffeln, die Merian seinerzeit noch nicht kannte), auch Käschde (Kastanien) zum Essen gibt es noch immer in Hülle und Fülle; nur die Geißen sind seltener geworden und die Hirsche und, wen wundert das bei der Kloake Rhein, die Fische ... Dafür aber gibt es viele andere Dinge, von denen sich der alte Merian nicht in seinen kühnsten Träumen hätte träumen lassen; und noch immer gibt es, vor allem, die Pfälzer in ihrem pfälzischen Paradies ...

Die Pfälzer in ihrem pfälzischen Paradies: das schließt so unterschiedliche Landschaften ein wie die Vorderpfalz (die pfälzische Rheinebene), die berühmte Weinstraße entlang der Haardt, den Pfälzer Wald, die Südwestpfälzische Hochfläche, das Landstuhler Bruch, die Saarpfalz, das Nordpfälzische Bergland, Rheinhessen und das Naheland, den Westrich und den Hunsrück, die Städte und Landkreise Germersheim, Landau und Bad Bergzabern, Speyer, Ludwigshafen-Mannheim, Frankenthal, Neustadt an der Weinstraße, Bad Dürkheim, Pirmasens, Zweibrücken, Kaiserslautern und Kusel, den Donnersbergkreis um Kirchheimbolanden, Alzey-Worms, Mainz-Bingen, Bad Kreuznach, Simmern und Birkenfeld, den Garten Deutschlands am Rhein also ebenso wie die ›bucklichte Welt‹ dahinter, eben: das Paradies ...

Das Buch, das von der Pfalz und ihren Menschen berichtet, will mehr sein als eine Sammlung von Schnurren, Schnooken, Streichen und Bossen, von Stickelcher, Sprich' und Schnitz'; mehr als bloß eine Zusammenstellung von Verzählcher, Dialektgedichten, Anekdötchen und Witzen; es möchte als eine kleine, heitere Landschaftskunde verstanden werden, als ein Führer und Verführer in die Pfalz und als eine lustige Volkskunde, die mit ihren sorgsam ausgewählten Texten auf ihre Art vielleicht mehr über Charakter,

Eigenart und Wesen der Pfälzer aussagen kann als mancher dicke wissenschaftlich-trockene Wälzer.

Bei der Auswahl wurde besonders darauf geachtet, neben den in der reichen Pfälzer Heimatliteratur oft veröffentlichten bekannten Geschichten und Gedichten vor allem unbekanntere Beiträge auszusuchen, Kalendergeschichten und Geschichten, die das Volk noch heute erzählt.

Um eine leichtere Lesbarkeit zu erreichen und die bessere Verständlichkeit zu erhöhen, wurden da und dort vorsichtig-behutsame Angleichungen an die pfälzisch-hochdeutsche Umgangssprache vorgenommen, die den gestrengen Sprachwissenschaftlern, den genauen Heimatkundlern und manchen echten Pfälzern zwar ein Greuel sein werden, dem Normalleser aber eine Hilfe sein sollen.

Und nun: viel Spaß bei der Freud'!

Hajo Knebel

DE PÄLZER UN SEI MUDDERSCHPROOCH

Loblied auf das Pälzische

Wer kann 'n liebe Glockeklang
so schreiwe, wie er klingt,
un wer kann schreiwe mit de Schrift,
wie schän e Amsel singt?
Des kann mit aller Müh ke' Mensch,
denk nor e bißche nooch.
Und wie mit Glock un Vogelsang
is' s mit der Pälzer Schprooch.

Franz von Kobell

Liebeserweis

Mier liewe unser Mudderschprooch,
weil sie so sieß, so sanft un gut,
so weech zum Maul rausrutsche dut.

Karl Ludwig Münnich

Hoch, hoch, hoch!

Mier redden viel un babblen gut
mit Maul un Gosch un mit de Schnut
un kreischen laut: E' dreifach Hoch
uf unser schäni Pälzer Schprooch!

Aus: 1000 Worte Pälzisch

10

Warum es „Mudderschprooch" heißt

Das wollte vor Jahren auch einmal ein landfremder Schulmeister von seinen pfälzischen I-Pänzchen in der ersten Klasse wissen; denn man sage zwar Vaterhaus und Vaterland, aber nicht Vatersprache, sondern Mutterlaut und Muttersprache; das sei doch seltsam — oder? Langes, bedrücktes Schweigen im Schulsaal, bis sich endlich das Bawettche hinten in der allerletzten Bank mit schmutzigem Zeigefinger meldete, stolz von seinem Platz aufstand und erklärte: »Es heißt zu Recht Mudderschprooch, weil die Vaddere, wie jeder wääß, dähäm net viel se schwätze hann. Oder is's bei Ihne annerscht, Herr Lehrer?«

Pälzisch — die Menschheits-Ursprungssprache

Paul Münch, der Verfasser des heitersten Pfälzer Mundartbuches, das bisher erschienen ist, der »Pälzisch Weltgeschicht«, eines Buches, dessen Texte nahezu jeder echte Pälzer auswendig kann und das selbst Tote wieder lebendig macht, hat allen Ernstes, hinterlistig zwinkernd, geglaubt und behauptet (und die Pälzer sind seitdem felsenfest von der Richtigkeit dieser streng wissenschaftlichen Erkenntnis überzeugt), daß im allerält'schte Alterdum, ums Johr dreitausend vor Christi erum, die Völkerstämm noch all, sich honn uf pälzisch unnerhall:

> In Schile un in Paleschtina,
> in Indie, Spanie un in Schina,
> do hot mer sunscht vun nix gewißt,
> als daß mer pälzisch babble mißt.

Erst der vermessene Turmbau zu Babel und die anschließend von Gottvater höchstpersönlich angeordnete babylonische Sprachverwirrung (man kann's ja alles in der Bibel nachlesen) habe die einstige pfälzische Welt-Ur- und Einheits-Sprache zerstört; und seitdem müßten sich alle Leute in der Welt

»ehr Maul verstauche an Schprooche, wo kee Penning dauge. Grad noor die Pälzer schwätze noch die uralt Mensche-Ursprungs-Schprooch«.

Und nur Reste dieser pfälzischen Ursprungssprache haben sich bis heutzutage draußen in der Welt erhalten; Paul Münch könnte sich dabei auf Wilhelm Heinrich Riehl, den großen deutschen Volkskundler des 19. Jahrhunderts berufen, der dazu gesagt hat: »Der Gedanke, sich selber im Mittelpunkt der Geschichte zu wissen, ja Mittelpunkt der Welt zu sein, lebt am stärksten in den Pfälzern. Hier hat man geglaubt (und glaubt es noch): jedes deutsche Kind, und wenn es auch in der Wüste zwischen Bestien aufgewachsen, spreche eigentlich pfälzisch als seine angeborene Muttersprache.«

Aber die Beweise sind ernster: Nicht nur in der Pfalz schwätzt man pälzisch, auch in manchen anderen Teilen der Welt: In der Batschka und im Banat, am Niederrhein und in den Karpathen und drüben, überm großen Wasser, in Amerika, in Pennsylvanien, überall dort also, wohin Pfälzer in den letzten Jahrhunderten ausgewandert sind. Im 19. Jahrhundert noch nannte man daher in Amerika alle deutschen Aus- und Einwanderer ›Palatines‹ = Pfälzer; und das Pennsylvanisch-Deitsch ist nichts anderes als ein mit englischen Sprachbrocken angereichertes Pälzer Platt. Immer noch gilt also: »Iwwerall in de Welt is Palz« und »Wer dichtig pälzisch kann, der braucht nooch annerm net veel se frooge.«

Pälzer in aller Welt — 1. Beweis

Als Kolumbus hoffnungsvoll nach dem fernen Westen gesegelt war und dabei, wie er glaubte und wie man vielfach seitdem annimmt, Amerika entdeckte, fand er bei seiner Landung unter den hunderten herbeigeeilter roter Eingeborenen auch acht hellhäutige Musikanten am Strand versammelt, die ihm mit Tschingdarassassa und Bravour auf ihren zerbeulten Blechinstrumenten einen Willkommenstusch entboten. Natürlich hat sich

Kolumbus über diesen unverhofften Anblick und die musikalische Begrü-
ßung nicht wenig verwundert und im Stillen auch, versteht sich, geärgert.
»Meiner Seel'«, hat der Kolumbus die acht Weißen angesprochen, »ich hann
gemeent, ich weer de Erscht', der wo Amerika entdeckt hat. Ja, ihr Leit, ich
muß mich wunnere, sagt mer doch, wo kummt ehr her, und was tut ehr
denn do hiwwe iwwerm große breite Meer?« — »Jo«, hat da der Anführer
der acht stolz geantwortet, »mer sein doch Pälzer Musikante und hann do
hinne in dem Städtche vor acht Daag zur Kerwe uffgespielt.« Da hat der
Kolumbus natürlich gehörig geflucht:

>>Hann die Kränk inn, all die Pälzer,

es gibt kä Plätzje an de Sunn,

das mer jo noch kennt entdecke:

wo mer hinkummt, worn die schunn!«

So hat sich Kolumbus also den Ruhm, Amerika entdeckt zu haben, mit
seinen Pälzer Landsleuten teilen müssen; überall letztlich, wo etwas Neues
entdeckt worden ist, schallte es den vermeintlichen Erstankömmlingen schon
entgegen: »Mer sinn schunn do, mer Pälzer!« So ging es übrigens neulich
auch den Amerikanern auf dem Mond. Nicht umsonst heißt es ja: »Klopf'
auf einen Busch, und es springt ein Pälzer dahinter hervor.« Auf dem
Mond war es zwar kein Busch, aber immerhin ein Hügel am Kraterrand.
Warum wohl sind die Astronauten vor Erreichen der Hügelspitze umge-
kehrt? Genau deswegen . . .

Pälzer in aller Welt — 2. Beweis

Pfälzer Musikanten aus der bucklichten Welt, hinten aus dem Westrich also,
kommen von berufswegen seit altersher auf dem ganzen Globus herum.
So hat eine Gruppe von ihnen letzthin den Negern im hintersten Kongo
den Marsch geblasen, daß denen Hören und Sehen vergangen ist und sie
auf ihrer Kerb im Urwald herumgetanzt sind wie . . . nun ja, wie eben

Wilde. Erst haben die Musikanten so neumodische Tänze gespielt, Boooggi-wooggi und Chachacha; dann aber sind sie zu den altvertrauten Weisen übergegangen, vielleicht weil sie selber ein wenig Heimweh hatten, zum Riraritzele also, zum Guggugg und, natürlich, zum Jäger aus Kurpfalz. Beim Erklingen dieser Melodie aber ist der Negerfürst aus seinem Thronsessel aufgesprungen und den Musikanten der Reihe nach um den Hals gefallen, hat Rotz und Wasser zusammengeheult wie ein kleines Kind, hat mit den Musikanten Freundschaft aus einer Kokosnuß getrunken und hat dazu unter Schluchzen gerufen: »Proscht, Landsleit, prooscht!« Und als die Pfälzer Musikanten ihn entgeistert angeglotzt haben, aufs höchste verwundert darüber, aus dem Munde eines Schwarzen als Landsleute angesprochen und mit dem großen Pälzer P begrüßt zu werden, da hat der Negerfürst gesagt: »Jo, Landsleit, glaab's mer, ich mach kää Schtuß! Ich sinn der Bee-rejakobsmichel un schtamm vun Jettebach in de Palz, mei Vadder is aach e Musikant' g'wes' . . .«

Na, damit war die Sache also geklärt, und ein großes Besäufnis hat angefangen, denn: Dorscht ist auch in der Pfalz und bei Pfälzern schlimmer als
Heimweh. Und Pfälzer Musikanten, die haben nur einmal Dorscht in ihrem
Leben, und das ist: immer; denn: Aus Pälzer Musikantekehle kann man
dauerhafte Schtiwwelsohle mache, die losse kää Wasser dorch!

Pälzer in aller Welt — 3. Beweis

Im 17., 18. und 19. Jahrhundert ist fast jede Woche eine große Schar Pfälzer
ausgewandert und nach Amerika gefahren, nicht, wie die neunmalklugen
Geschichtsschreiber fälschlicherweise meinen, um der Not in der Heimat
zu entgehen, sondern aus lauter Menschenliebe: Sie wollten den Yankees
feine pfälzische Manieren, Kultur und Bildung beibringen, denn mit diesen
Artikeln treiben die Pfälzer schon seit Adams und Evas Zeiten einen Mords-
export.
Daß ihnen ihre edle Absicht gelungen ist, kann man in Pennsylvanien noch
heutzutage überprüfen: Dort schwätzt man gut und echt Pälzisch, dort gibt's
pälzische Zeitungen und Bücher und gar eine pennsylvanisch-deitsche Bibel,
und dort singt man noch immer die feinen pälzischen Volkslieder, zum
Beispiel:

> O du mei liewi Si-sa-sera!
> Hinne dut se hi-ha-hinke,
> vorne dut se sti-sta-Stiwwel,
> die werren vun Ledder gemacht;
> wer des nit glaabt,
> werd ausgelacht!

Die Warnung Benjamin Franklins von 1751 hat nicht viel genützt: »Warum sollte man es dulden, daß die Pfälzer Bauernlümmel in unsere Ansied-
lungen haufenweise eindringen und, indem sie sich dort gemeinsam nieder-

lassen, ihre Sprache und ihre Sitten einbürgern und unsere verdrängen?«
Pennsylvanien ist noch heute fest in pfälzischer Hand.

Pälzer in aller Welt — 4. Beweis

Selbst das seit 60 Jahren geänderte Negerkochbuch darf als Beweis dafür
dienen: Vor dem Hoddedoddekrieg ist eine Reise durch Afrika für Pfälzer
immer ein gewisses Wagnis gewesen; denn die Schwarzen dort unten haben
mit Vorliebe Pfälzer in die Pfanne gehauen. Als das aber überhand nahm,
hat der damalige deutsche Kaiser, Wilhelm der Schnurrbärtige, den Hotten-
totten den Krieg erklärt, sie besiegt und auch ihnen beigebracht (was viele
Deutsche schon längst wußten), daß man Pfälzer zwar zum Fressen gern
haben darf, daß man sich an ihnen aber die Zähne ausbeißt, weil die Pfälzer
Krischer meistens ungenießbar sind. Das alte Neger-Kochbuch mußte also
geändert werden, und so kommt:

>»Vom Negerkochbuch is dies Johr
> e dritti Uflag ausgebb worr,
> s' is fascht dieselb als wie die zwett,
> wann se nit ee Verännrung hätt:
> 's steht nämlich nix meh devun drin,
> daß Pälzer Mensche freßbar sin.«

(Ehe die dritte Auflage erschien, ist übrigens ein Druckfehler in den letzten
zwei Zeilen ausgemerzt worden. Dort hatte es geheißen:

> »'s steht nämlich nix meh devun drin,
> daß Pälzer Mensche Mensche sin.«

Pälzisch — die leichteste Sprache

Pälzisch ist viel leichter zu lernen als wie hochdeutsch, denn die junge Mädle,
wenn sie sich en Pälzer Borsch anschaffe, lernen 's üwer Nacht.

Karl Ludwig Münnich

Pälzisch — die kürzeste Sprache

Sch'n hie?	=	Wo gehst du denn hin?
Äjens!	=	Irgendwohin.
Sch'n hä?	=	Wo kommst du denn her?
Äjens!	=	Irgendwoher.

(Aus der Alzeyer Gegend)

Die drei großen W und die zwei großen P des Pälzischen

Die drei großen W der Pälzer sind: Weck, Worscht un Wei.
Und die zwei großen P?
Palz un Prooscht — geht beides mit P an — oder?

Sprachprüfung

In de Palz geht de Peffelbacher Parrer mit der Paif in de Kerch!

Pälzische Definitionen

Zweifel: Ei, ich glaab, du glaabscht, ich glaab's!
Liebe: Dovon schwätzt mer nit, dat duht mer!

Urteile und Meinungen über die Pälzer Mundart

In Speyer und Umgebung spricht man das beste und zierlichste Teutsch.

J. von Grimmelshausen

Die Pälzer Mundart ist gar keine Sprache: sie ist eine Zumutung.

Ein altbaierischer Zwockel

Eine Pfälzische Mundart gibt es gar nicht: höchstens 750 und mehr verschiedene Dialekte. In jedem Orte spricht man anders.

A. Becker

Die mehrsten Menschen hier ... schreien in einer Mundart, von der man nicht recht weiß, ob man sie für Deutsch oder wofür sonst halten soll.

Freiherr von Knigge, 1793

Pfälzisch is gar gee Sprache, sondern e Grangheed.

Ein Sachse

Die Pfälzer Mundart ist eine Mischung von fränkisch, elsässisch, badisch, hessisch, rheinländisch, von Schweizer und Tiroler Deutsch, von alemannisch, französisch und jüdisch; denn die Pfälzer haben nie einen besonderen Stamm gebildet und daher auch keine eigene Sprache entwickelt.

A. Becker

Ich bin hier in Paries tief unglücklich, denn niemand kann hier pälzisch schwätze und niemand weiß die Pälzer Sprooch zu schätze.

Liselotte von der Pfalz

Im Wort ist der Pfälzer von allen Deutschen der burschikoseste und handgreiflichste. Nirgends nimmt das Volk noch lieber den Teufel in den Mund als in der Pfalz. Wer hier kräftig sprechen will, der muß »teufelsmäßig« sprechen und »schlitzohrig« seyn in Gedanken und »vielmäulig« im Wort wie des Teufels Großmutter; und »Hol mich der Teufel« ist gleichsam nur eine Interpunktion. Nur am Hochzeitsmorgen darf die Braut nicht sagen: »Hol dich der Teufel«, sonst geschieht's wirklich.

Wilhelm Heinrich Riehl

Die Pälzer honn ä groß frech Schlappmaul.

Pfälzische Selbsterkenntnis

Andere Leute reden auch nicht lauter Weisheit, aber sie reden leiser als die Pfälzer; denn der Pfälzer trägt sein Herz auf der Zunge.

Wilhelm Heinrich Riehl

Un unser Sprooch erscht — na, ich will nix redde,
wie voll un saftig un wie maulgerecht!
Wie kräftig dhu mer fluche,
's braucht keens keen Wort se suche!

R. Müller

Fui Daiwel! Hochdeitsch hat kee Kraft,
un hat kee Schmalz un hat kee Saft!
Bei eich gebt's Wurst, bei uns gebt's Worscht,
bei eich gebt's Durst, un meer han Dorscht;
die Pälzer Sproch, das is die richtig,
das Hochdeitsch is nit halb so wichtig.

Paul Münch

Wie geredt', so gebabbelt: Uze losse mer uns net

Ein rechter Pfälzer redet oder spricht nicht einfach, sondern er tut jemanden abdackele, abwimmele, angockse, anranze, anrembele, ausdraatsche; er tut babbele, balawere, baldowere, bediwwere, bekreckse, bischbere, blabbere, breebele, brülle, Brulljes mache, brummele, diwwere, duschele, expliziere, fladdiere, frozzele, fuddere, gackele, gauze, gerre, gluckse, grammele, grummele, hänsele, jaunere, juugse, kalfaktere, Kalljes mache, Kappes schwätze, knaunschele, knäwwere, knerwele, knoddere, lamediere; er macht Verz; er tut kreische, kriwele, lägele; er läßt sei Schlappmaul gehn; er tut maule, mauschele, mißmuffele, näsele, naunschele, nexe, ohre, pärze, pischbere, plärre, quängele, rabbele, ratsche, rewelle, schänne, scharwenzele, schbauze, schbrooche, schnäbbere, schleime, schmolle, schwätze, schtänkere, stichele, strenze, strunze, terme, uffmucke; er tut sich verbabbele, verdabbele, verfuggere, verluschtiere; er tut trischbere und quawassele; er tut enem zu ebbes roore; er tut zänke un zwiwwele — nur reden und sprechen: das tut er nicht.

Das Pälzer ABC

Pälzer Laut unn Frohgebabbel
is e Schprooch im Sunndagskleed.
Uffgepaßt! Ich sag eich ewe
so e Muschter-Alphabet:
Affezippel, Appelbäämche,
Atzelaach unn Affekopp,
Babbelmäulche, Belzenickel,
Borzelbaam unn Buxeknopp,
Chrischtjan, Dermel, Deiwelsbroote,
Dunsel, Dottel, Duwaksdoos,
Elwetritsch unn Entebörzel,
Eselsknopp unn Erbsesoos,
Flappes, Fettgans, Farremummel,
Figgediewes, Faasnachtskapp,
Gauzer, Gockel, Grusselköppche,
Gorgelknopp unn Grumbeerbabb.
Hannebambel, Häffelgucker,
Hutzel, Hoschpes, Hossebu,
Jeschtesmacher, Iwwerrheiner,
Iwwerzwercher, Ischel du!
Krischer, Knorze, Krottegiekser,

Knutschebäcker, Knewwelschtock,
Lappes, Lottel, Lumpedeifel,
Lockenoodel, Lotterbock,
Muschkedunner, Muppesbiewel,
Moppel, Massik, Mollekopp,
Neckarschleimer, Naupe-Unkel,
Nißkopp, Neschtquack, Nollebob,
Orschel, Oos unn Ochsetrampel,
Pilwe, Plattkopp, Plaschterschteen,
Quellgrumbeere, Quaschtersäckel,
Quetschekuuche, Quackelbeen,
Rappelkaschte, Riwwelsüppche,
Rettsche, Rollse, Rummelplanz,
Schockelgäulche, Schawwesdeckel,
Seckel, Socke, Simpelsfranz.
Trolles, Trumpel, Tappesmännche,
Unkel, Unmuß, Uzerei,
Voggel, Vieh unn Vizebumbes,
Wuzzel, Wörschtel, Weck unn Wein!
Zores, Zwockel, Ziehamriehme,
Zappe, Zeck unn Zwiwwelfee!
Sodele, jetzt bin ich fertig
mit mei'm Pälzer ABC!

Hanns Glückstein

Pälzer Publikumsbeschimpfung (frei nach Peter Handke)

Das höchste für einen Dichter sei ein großer Wortschatz? Ei, for was denn
des? Is des notwendig? Auch die Pälzer, meint Karl Ludwig Münnich, haben keinen großen Wortschatz und kommen doch niemals in Verlegenheit

— oder hat mer schun jemals gehört, wann e Pälzer Fraa ihren Mann verschennt, daß sie da erst noch nach Worten suchen müßte? Die gehen ihr nie aus.

Kosewörter einer Frau zu ihrem Ehemann

Dau Affezabbe, dau Babbsack, dau Ferzmacher, dau Fitschegoogele, dau Grammeler, dau Hoschbes, dau Iwwerzwercher, dau Jammerlappe, dau Krimmelwiedischer, dau Lumpezippel, dau Lellebebbcl, dau Mollekopp, dau Nauschler, dau Orschieriger, dau Quasselkopp, dau Rauhbauz, dau Spuchtemacher, dau Scheißkerl, dau Schleimschisser, dau Stolwerhannes, dau Toobert, dau Wuz, dau Zoores . . .

Retourkutschen des Ehemannes

Dau Affezippel, dau Babbdrache, dau Dusseldier, dau Freckel, dau Gackeramschel, dau Hooreul, dau Krawallschachtel, dau Krott, dau Lumbemensch, dau Muschgedunner, dau Neschtquack, dau Oos, dau Pratschel, dau Ropphinkel, dau Salatschneck, dau Säwergosch, dau Schinoos, dau Schlamp, dau Steckriewegäß, dau Trambeldier, dau Zambel . . .

Kosenamen für die lieben, süßen Kleinen

Dau Angsthas, dau Baschtert, dau Bobb, dau Butzel, dau Buxeschisser, dau Dickpanz, dau Färchtebutze, dau Figgediewer, dau Fitschegookes, dau Frichtel, dau Haihupser, dau Hosseknirps, dau Hosseschisser, dau Iwwerzwercher, dau Kalbmoses, dau Kickerliesche, dau Knibbes, dau kleeni Krott, dau Lausert, dau Lauskrott, dau Mammekinnel, dau Mollekopp, dau Nängeler, dau Neschtquäckel, dau Pannestiehlche, dau Racker, dau Reißdeiwel, dau Rotznas, dau Schicksel, dau Schinoos, dau Schlitzohr, dau Schtöppche,

dau Schwittche, dau Spunjes, dau Struwelkopp, dau Wuschel, dau Zabbel-
pilippche . . .

Wo selbst Götz von Berlichingen noch etwas lernen könnte

Dau Affearsch, dau Arschkaffer, dau Arschkrawweler, dau Arschkriecher,
dau Bloßarsch, dau Dreckarsch, dau Entearsch, dau Korzarsch, dau Laaf-
arsch mit dem Laafdabber, dau Lahmarsch, dau Quellarsch — ach, da leck
doch gleich die Katz am Arsch — oder, um es gut pälzisch zu sagen: Läßmoki
(lechez mon cul)!

Pfälzische Unterhaltung

Der eine: Wo kummscht de her?
Der andere: Vun driwwe eriwwer; wann ich fertig sinn, giehn ich wirrer
eniwwer.
Der eine: Was ist denn da loss?
Der andere: Was net angebunne is. Wo gehscht dau denn hi?
Der eine: Als de Naas noh, noch Bitschbummere, Molleköpp fange.
Der andere: Wieviel Uhr is es denn?
Der eine: Drei Vertel uff Bonnestecke, soviel wie geschtern um die Zeit.

Klageruf

Eine biedere Bauersfrau von der Nahe hat auf dem Bahnhof in Meisenheim
ihren Anschluß versäumt und erfährt zu ihrem Schrecken, daß sie an diesem Tage überhaupt nicht mehr fortkommt. Da ruft sie aus: »Fort se wolle
un fort se misse un nicht fort se könne — da kann meer platze!«

Gute Auskunft

Eine Frau aus Alzey will mit dem letzten Abendzug von Mainz zurück in ihre rheinhessische Heimat fahren, kommt keuchend auf dem Mainzer Bahnhof an und wendet sich hilfesuchend an den Schaffner, wo denn der Zug nach Alzey abgehe. Der Schaffner, in der Frau seine Landsmännin erkennend, gibt ihr gute Auskunft: »Nix wie enunner, Fraa, eniwwer, enuff un enoi, do driwwe, do peift er schun!«

Zwei Handvoll Pälzer Sagsprichwörter: laut und langsam zu lesen

Jugend will gedoobt hann, saat die Bettelfraa, do is er's Kind aus der Keez gefalle.

Alles mit Maß, saat der Schneider, do hot er sei Fraa mit der Ell totgeschlah.

Das bind't, saat de Spatz, do hot er dem Küfer uff de Reif' geschissen.

's alles, wie mer's nimmt, saat de Schneider, do hot er de Hosselatz hinne hingemacht.

So geen die Geng, saat de Miller, do horre noore äner, un dä war bei die Magd.

Alder geht voor, saat de Eileschbiel, do horrer sei Großmudder die Trepp enunner geschmiss'.

Irrdum is menschlich, saat de Hahn, do horrer uf äner Ent' gehuckt.

Was Menschehänn nit alles könne, saat die Fraa, do hot se en Esel gesiehn.

Dau kannscht, saat de Diechter, oft nix Gsunderes mache, als dich mol gehörig krank se lache.

Hunger un Doorscht kann ich net entbehre, saat de Pälzer, awwer mei Ruh will ich hann.

Metamorphose

Eines Mittags kommt das Fritzchen aus der Schule nach Hause und will gleich das, was es im Naturkundeunterricht neu gelernt hat, seinem Vater erzählen: »Stell dir mal vor, Vater, was uns der Lehrer heute beigebracht hat: Die kleinen Käfer sind nicht immer Käfer; erst sind's Würmer, hat der Lehrer gesagt, dann verpuppen sie sich, und dann erst krabbeln kleine Käfer aus der Puppe.« Aber der Vater winkt nur müde ab: »Des kenn ich schun, des is gar nix, awwer des: Ein netter, junger Käfer hot sich emoll verpuppt, glaab noore, Sohn. Un was is dann hernooch draus worre? En alti Beißzang, dei Mudder . . .«

Heimatklänge

Die Kathrin hoch oben von den rauhen Höhen des Hunsrücks ist eine Zeitlang Dienstmädchen bei einer vornehmen Herrschaft in der Stadt gewesen. Als sie nach geraumer Zeit wieder zurück nach Hause kehrt, behandelt sie ihre Verwandten und Nachbarn herablassend und hat scheinbar ihre angestammte Mundart ganz verlernt. Doch schon am zweiten Tag kommt ihr die Erinnerung an das unverfälschte Platt schlagartig zurück. Sie übersieht nämlich in der Scheune eine am Boden liegende Kartoffelhacke und tritt so auf deren Zinken, daß ihr der Hackenstiel mit der vermehrten Gewalt des Hebeleffekts mitten ins Gesicht knallt.

Da entfährt es der Kathrin spontan: »Millionedunnerkeil noch emol! Was for en Flabbes hot dann den verdammte Karscht met de Zinke no uwe do in die Scheier geschmiß?«

Ach ja, Muttersprache, Mutterlaut, wie so wonnesam, so traut...

Grund zur Freude

Ich frää mich alle Dag uffs nei, daß ich e Pälzer Kind weil mer jo in der ganzen Welt kä schääner Ländche findt! Wo gibt es dann noch Wingert, sag, un Hinkle, Gääse, Worscht, un Äbbel, Käschte, Quetschebääm, un Zwiwwele, Duwak, Dorscht?

Lina Sommer

Was mag das sein?

Der Lehrer in der Schule gibt seinen Schülern ein Rätsel auf: »Er riecht mit der Nase, spricht mit dem Munde, läuft mit den Füßen — wer mag das wohl sein?« Das Fritzchen meldet sich sofort und weiß gleich, wer das nicht sein kann: »Mei Vadder is das nicht; bei mei'm Vadder is des alles verkehrt: der schafft mit'm Maul, der redt' mit de Händ, bei dem laaft die Nas' — und er riecht an de Füß'.«

Großmuttersorgen

Dem Stuffels Jäb sei Sanne vun Lautere (Kaiserslautern) hat em vorige Johr en Gehängsel mit em Ami gehatt. Un wie die Gäng so gehn, so kam et dann aach: Der Ami ging nach einiger Zeit zurück übers große Wasser, und die Sann brachte, nicht lange danach, strammen schwarzen Nachwuchs zur Welt. Da hättet ihr die alte Großmutter im Haus vielleicht jammern hören können, nicht, weil das Sannche auf den Ami reingefallen war, nicht, weil der Bankert nun keinen Vater hatte, und auch nicht, weil der Kleine kohlpechrabenschwarz war, oh nein, deswegen nicht — da kennt ihr die pfälzische Toleranz nicht. Nur ebbes wollte dem Großche nit in sei Kobb enei' gehn, un deswegen tut sie den Kerl, wo de Vadder vun dem Kleine is, verwinsche: »Wie solle mer noor dem Kindche sei Schbrooch verstehn, wo der Vadder doch kei Pälzer, sondern en Ami is' . . .«

Zurechtweisung

Beim Mittagessen sagt der Sohn auf einmal zu seinem Vater: »Dau, Vadder, dehr hängt jo en Nudel an de Gosch.« Da aber weist die Mutter den Jungen scharf zurecht: »Pfui Deiwel, wie kannschd du Lausbu noore Gosch saa'n zum eigne Vadder sei Schnut!«

Pälzer Stoßseufzer eines Ehemanns (frei nach Wilhelm Busch)

Drei Dag lang war mei Aldi krank,
nau schennt se widder: Gott sei Dank!

Arabeske zum besseren Verständnis des Pfälzischen

In der Pfalz sagt man nicht, auch wenn's stimmt, zu seiner Braut: »Ich liebe Dich!«, sondern man umschreibt das allzu Direkte, sagt also: »Ich hann Dich gere.« Später, wenn man lang genug verheiratet ist, sagen manche oft auch: »Dau kannscht mich ger' hawwe!«

Der größte Schatz

Mer babbele wie de Schnawwel steht, denn:
Wer Hochdeitsch mit viel Knorze macht,
der hott, scheint 's, nit dabei bedacht,
daß doch e Mundart, ganz gewiß,
de größde Schatz uff Erde iss.

Heinrich Hermann

DE PÄLZER UN DIE PALZ

»Die Pfalz ist ein gelobt Landt gegen andere Länder zu rechnen, den alles ist ja gutt in unserem lieben vatterlandt, lufft, wasser, wein, brodt, fleisch und fisch.« So hat das Liselottchen, die Pfälzer Krott am Hofe des Sonnenkönigs Ludwig XIV., in einem seiner Briefe in heimatseliger Sehnsucht geschrieben, und gleich der Liselotte haben viele das Lob der Pfalz angestimmt und gesungen.

Garten Deutschlands, hat Ludwig I. von Bayern die Pfalz genannt; als Wonnegarten hat sie der Dichter Platen besungen; Johanna Schopenhauer sprach von der Pfalz als dem Paradies; Goethe rühmte ihre weingeschmückten Landesweiten. Der eine sah in der Pfalz den Weinkeller Deutschlands, die Weinschatzkammer des Heiligen Römischen Reiches Deutscher Nation, der andere die Musterkarte der deutschen Natur, ein dritter die Bühne eines Völker-, Stammes-, Staaten- und Sprachengemisches, ein vierter die Provence Deutschlands, ein anderer bloß die strategische Drehscheibe Europas. Weinschatzkammer der Bundesrepublik nennt man noch immer die Pfalz, Honiggau mit der Deutschen Wein- und Lachstraße, Land der durstigen Lebern, Land der durstigen Kehlen (und Seelen), Land, wo der Saumagen Nationalgericht ist, Land, wo es um die drei großen W und die zwei großen P geht, Land, wo der Schweinepfeffer wächst, gesegnetes Land, von dem noch immer gilt, was Anno Domini MDCCXLVI Johann Peters von Ludewig geschrieben hat: »Die Unter-Pfalz ist eines der gesegnetsten und schönsten Länder in ganz Teutschland. Die Berge sind voller Weinstöcke, welche solchen edlen Wein im Überfluß lieffern, daß nicht nur Teutschland, sondern auch die Niederlande, England, Polen und die Nordischen Reiche ihr Vergnügen aus der Pfalz holen. Diese Weine thun es an Dauerhafftigkeit und Gesundheit allen Italienischen, wovon doch einige so viel Wesens machen, weit zuvor, insonderheit der Neustädter ... Die Frantzösischen Mäuler haben sich dermassen daran gewöhnt, daß sie ihre obgleich besten

Weine nicht leicht über die Leffzen bringen, wenn Apparance zu Rhein-Wein fürhanden ist. Man nennt dahero die Pfaltz auch des Heiligen Römischen Reichs Wein-Keller. Und eben deßwegen soll auch der Pfaltz-Graf des Kaysers Ertz-Schenke gewesen seyn. Ferner lieffern die Wälder in der Pfaltz so viele Eß-Castanien, daß man solche nur die Pfältzischen Eicheln nennet ... Die Äcker bringen auch überflüßig Weitzen, Rocken, Gerste und allerhand Gemüsse hervor. In den Baum-Gärten beigen sich die Bäume unter dem Obste, womit sie beschweret sind, welches nirgends anderswo schmackhaffter gefunden wird, als daselbst.

Es scheinet auch nicht, daß man den Krieg in dasigen Gegenden als eine so grosse Land-Straffe ansehe, wie etwa an anderen Orten geschiecht. Wenigstens merckt man nicht, daß dadurch die Einwohner überhaupt frömmer worden sind.«

Die drei höchsten Pfälzer Feiertage

Welches denn die drei höchsten Feiertage der Pfalz, dem wahrhaft adeligen Land (Heinrich von Treitschke) seien, wollte jüngst der Pfarrer von einem kleinen Dorfbuben im Unterricht wissen. Und der Stropp antwortete so, wie auch schon sein Vater und Großvater auf diese Frage geantwortet haben: »Erstens: die heilig Fassenacht. Zweitens: die heilig Sauschlacht. Und drittens: die heilig Kerwe.«

*

De liewe Gott, der lacht
noch heit, wann er sei Palz betracht,
denn vun de Schöpfungssache all,
is die am beschte ausgefall!

Paul Münch

30

Als die Pfalz noch wirklich das Paradies war

Die Palz war früher 's Paradies.
's wohr — hol mich de Schinner!
Seit's uns Paul Münch hat nochgewies,
do wissens alle Kinner.

Der Adam war vun hinneraus,
er stammt direkt vun Lehme,
die Eva war vum Rhei do haus',
aus Alteripp dehääme.

Un korz nooch ehre Hochzigzeit —
die Trauung war in Schbeier —
do segt de Herrgott: »So, ehr Leit,
's ganz Pälzerland is euer!

Die Palz is euer Paradies:
In Schifferstadt gibts Schlodde,
in Flomerschem wachst Frühgemüs,
in Maxdorf gibts Garodde.

Un Pälzer Duwak wachst im Gai,
doch bloß for starke Männer!
Und an de Haardt gedeiht en Wei,
de beschd vun alle Länner.

In Frensem, Weiserem am Sand,
gibts Kersche, Persching, Manle.
Do kennt'r rund im ganze Land
hausiere mit un hanle.

In 'd' Südpalz wachsen Hobb un Malz,
un Zwiwwle, dicke, feschde,
im scheene Derkem fin 'ner Salz,
in Dannefels gibts Keschde.

Im Rhein gibts Perle, Fisch un Gold,
im Weschdrich Wild un Kohle,
un alles kennt'r, wann 'r wollt,
for umesunscht euch hole.

Un üwwerall gibts Korn un Schmalz,
un Obst an alle Wege,
un Krumbeere wachsen in de Palz
so dick wie Schwademäge.

Auch schenk ich euch de Pälzerwald
for ew'ge Zeit zum Lehe;
do kennt'r, wann und wu's euch g'fallt,
als drin schbaziere gehe.

Vum Odewald bis an die Blies,
vum Glan bis an die Lauter,
is euer Pälzer Paradies,
so wohr ich mit euch plauder.

Jetzt habt euch lieb, bleibt brav im Gläs!
Duht euch innanner füge!
So — jetzt geht uf die Hochzigrees! —
Ade — un viel Vergnüge!

Karl Räder

Wie das Paradies (fast) verlorenging

Schuld daran ist natürlich, wie könnte es auch anders sein, die Eva gewesen. Denn als der Adam eines schönen Herbsttages sternhagelgranatenvoll vom Dürkheimer Worschtmarkt heimkehrte, bot das Luder dem besäuselten Ahnungslosen einen Apfel vom verbotenen Baume an; und Adam, der Tölpel, froh, diesmal nicht ausgeschennt zu werden, biß kräftig in die ihm dargebotene saftige Frucht. Na, da war vielleicht was los: Der Herrgott nahm voll Zorn erst eine volle Prise Pälzer Duwak, funkelte dann Blitze aus seinen Augen und vertrieb das erste Menschenpaar eigenhändig und wutschnaubend: »Raus, raus aus meinem Pälzer Paradies! Raus mit euch für ew'ge Zeiten!« Den Dichter Karl Räder (und mit ihm alle anderen Pfälzer) stimmt das noch heute traurig, wie man sich denken kann:

> Hätt selmol — 's stimmt uns
> heut noch mies! —
> die Ev' ke Aebbel gschdohle,
> wär heute die Palz noch's Paradies. —
> Die soll de Guggug hole!

Erinnerungen ans Pälzer Paradies

Zum Glück gibts in der Pfalz noch manche Erinnerungen und Überreste vom Paradies: den Wein natürlich vor allem, den eingefangenen Sonnenschein, den Schwarzen Herrgott von Zell etwa, das Himmelreich, den Seeligmacher, den Herrgottsacker, das Paradies, das Herxheimer Himmelreich, die Stadt Eden-Koben, den Berg Horeb bei Pirmasens, das Paradies von Weisenheim am Sand mit seinen mehr als 220 000 Obstbäumen, die Riesenkohlköpfe von Schifferstadt, die Zwiebeln und Schlotten von Landau, die Pfefferminz- und Baldrianfelder von Gommersheim und Böbingen, den dicken Keschdebaam bei Dannefels, die Quetschebääm von Kusel, die

Mandel-, Feigen-, Kirsch-, Trompeten-, Zedern-, Judas-, Mammutbäume, die blühenden Zitronen, Pfirsiche, Arakaurien, Gingkos, chinesischen Oleander, die bunte Blumenpracht der Bauerngärten mit Rosenduft und Sonnenblumenglanz, den Pfälzer Bitzeler und den Dürkheimer Worschtmarkt, das milde Klima, die gute Luft, die freundlichen Menschen, das heitere Leben, die goldigen Mädchen, die süßen Küsse der schönen Pfälzerinnen.

Und auch der Zaun um das Pfälzer Paradies ist noch da: in Schweigen kommt man hinein, nicht weit von Blödesheim (so blöd waren einmal die Pfälzer!) fliegt man heraus, und bei Murrmirnichtviel, Kehrdichannichts, Schaudichnichtum stehen die Wächter noch heute Wache.

Und wißt ihr auch, warum die Pfälzer Hunde immer hintereinander herrennen und sich gegenseitig am Hinterteil beschnuppern? Nein? Dabei ist doch die Lösung ganz einfach: Sie suchen immer noch den verlorenen Furz vom Pälzer Paradies.

Ach, und das wichtigste Kennzeichen des Pfälzer Paradieses hätten wir fast vergessen: die Weltachs!

Die Weltachs'

Wann jemand uf de Infall käm,
die Achs' vun unserem Weltsystem
genaa un dipplich auszurechne
un in die Landkart inzuzeechne,
do käms eraus, daß akkerat
im Mittelpunkt vum Pälzer Staat
der Punkt leit, der wo ganz gewiß,
die Hauptsach uf'em Weltall is,
der Punkt, wo alles sich drum dreht,
was uf der weite Welt besteht.

Schun seit der Herr die Welt gebaut,
is uns die Weltachs anvertraut,
weil meer vun alle Menscherasse
for so e Amt am beste basse.
Mer bassen uf, mer halten Wacht,
mer gewen Dag un Nacht druf acht,
daß niemand kummt und will se stehle,
mer schmeere se un dun se öle,
un butzen se als glitzeglatt
mit Glaspapier un Butzpumad.

Drum dreht sich a wie selbschtverständlich
die Weltachs ewig un unendlich.
So also wurd's dann ingericht,
daß all', was in der Welt geschicht,
beim Pälzer Volk im Pälzer Staat
sein Ursprung un sein Fortgang hat.

So sa't einst Gott — und so is es kumm.
Un um die Weltachs runderum
do hockt seit viele dausend Johr
sei Pälzer Volk un sorgt defor
bei Dag un Nacht un frih un spät,
daß Gottes Weltplan richtig geht,
un daß es Weltall werd gelenkt,
so wie sich's Gott hat ausgedenkt.

Un was nit in der Palz basseert,
is Newesach un hat kee Wert!

Paul Münch

(Irgendwann in den letzten Jahren müssen die Pfälzer übrigens doch einmal nicht so recht aufgepaßt haben; denn die Weltachs — von der Paul Münch überzeugt war, sie drehe sich in Neustadt:

O Menschheit, ich heer dich
in deiner Pein,
O Weltachs, ich schmeer dich
mit Neischdadter Wein! —

wird seit dem 28. Juni 1964 von einem steinernen Pfälzer Männchen mit einer Gießkanne auf dem Kleinen Roßruck südlich Kaiserslautern im Pfälzer Wald begossen und in Bewegung gehalten. Doch sei es, wie es sei: Immer noch ist's ein Pfälzer, der auf die Weltachs' aufpaßt, wie die Inschrift kundtut:

»Do werd die Weltachs ingeschmeert
und ufgebasst, daß nix passeert.«

Wie die Pfalz ihren Namen bekam

Man kennt, freilich mit falsch angegebener Örtlichkeit, die Geschichte aus der Bibel. Natürlich war es nicht der Ölberg bei Jerusalem, wo der Teufel den Herrn verführen wollte, sondern die Käschteburg bei Hambach an der Haardt. Hier hat der Teufel dem Herrn das Paradies, das gesegnete Land am blauen Rhein, gezeigt und gesagt: »Dies Land mit allen seinen Weinbergen, Ackerbreiten und fruchttragenden Obstbäumen, mit seinen schönen Dörfern und niedlichen Städten und mit dem ewigen Sonnenschein will ich dir gern schenken, wenn du nur niederkniest und mich anbetest.« Einen langen sehnsüchtig-wehmütigen Blick hat da wohl der Herr auf die blühende Landschaft zu seinen Füßen geworfen, aber dann hat er doch abgelehnt mit einem einzigen, kurzen Wort. »B'halts!« hat der Herr gesagt; und so hat das Land vum liewe Gott selwer den Namen erhalten: Pfalz. Der Teufel aber spielt seit der Zeit den Pfälzern manche Bosse; er hockt im

Wein und lauert, im Bitzeler vor allem, dem jungen Wein; und wehe: wenn er dann losgelassen! Manchen Pälzer Krischer hat er dann schon übermannt und rumsbums zu Boden geworfen.

Das Nadelöhr (oder: Gewußt wie)

»Eher geht ein Kamel durch ein Nadelöhr, als daß ein Reicher in den Himmel kommt«, hat der Herr einmal gesagt. Auch das kann man noch heute in der Bibel nachlesen. Na, als das die Pfälzer zum ersten Male hörten, da sind sie gehörig erschrocken; denn in der Pfalz gibt's lauter reiche Leute, und die wollen auch gerne alle in den Himmel kommen. Zum Glück sind die Pfälzer gewitzt, und sie haben sich auch hier zu helfen gewußt: Neben das große Hoftor ihrer fränkisch-pfälzischen Gehöfte haben sie sich alle ein kleines Pförtchen angebaut, das sie »Nadelöhr« nennen. Und seit der Zeit kann man, was der Herr vor zwei Jahrtausenden noch als unmöglich erklärt hat, öfter in der Pfalz, vom Wirtshaus heimkehrende, allabendlich schwankende Kamele durch's Nadelöhr gehen sehen.

E Gruß an die Pfalz

Grüß Gott dich, luschtig Pelzerland, mit deinem Brau von Hobbe,
mit deinem alte Quetscheschnabs un deine süftge Schobbe.
Mei alte siewzigjährge Been des Reese mer verbiete,
so sitz ich in der Eifel daab un muß de Owe hiete!

Der Eifeler Mundartdichter Peter Zirbes, 1896

Beweis

Beweis für den viel besungenen Reichtum der Pfalz ist auch dies: Wenn hier der Bürgermeister nur eine einzige Weinbeere am Mund zerdrückt, so bekommt davon schon die ganze Gemeinde einen Rausch!

Weil man eine Landschaft am besten bei Eisenbahn- und Autofahrten kennenlernen kann, seien nachfolgend ein paar Fahrtenabenteuer wiedergegeben:

Verhinderte Reise

»Neilich«, erzählte dieser Tage der Hannewackel von Lautere (Kaiserslautern) seinem Freunde, dem Schubkarrichs-Heiner, »neilich wollt ich mit meiner ganze Bagasch zu meiner Schwiegermudder noo Ludwigshafe fahre. Un wie der Zug sich in Bewegung gesetzt gehatt hat un 's Peterche aus em Gepäcknetz gefall is un 's Fritzche 's Abteilfenschter kaputt geschlaa gehatt hat un 's Gretche die Fahrkart verschlickt gehatt hat un ich uff äämoll gemerkt hann, daß ich mei Portmonné vergeß gehatt han, do hat 's Babettche, mei Fraa, geruf: Hannewackel, mer sitze jo im Zug noo Saarbricke ... So is also aus der geplante Palzreis' nit viel worre.«

Blooß hien

Auch in Simmern hat einmal einer mit der Bahn verreisen wollen: nach Kreitschnach on de Noh. Er ist also zum Schalter gegangen und hat ein Billet verlangt. Der Bahnbeamte hat zurückgefragt: »Blooß hien?« Das Wilhelmche hat den Beamten am Schalter daraufhin ganz verdutzt angesehen und hat geschwiegen, so daß der Schaltermensch nochmals gefragt hat: »Blooß hien?« Aber das Wilhelmche hat nur noch verstörter geblickt und hartnäckiger geschwiegen. Da ist dem Eisenbahner der Geduldsfaden gerissen, und er hat zum dritten Mal, diesmal mit kräftiger Lautstärke, gefragt: »Blooß hien?« Da aber hat das Wilhelmche seinen Mund geöffnet und ganz verschüchtert gestammelt: »Ei, wohien soll eich dann bloose?« (Man merkt: das Wilhelmchen war ein echter Hunsrücker, langsam im Denken und ein bißchen begriffsstutzig; denn ein echter Pfälzer hätte dem Beamten gleich bei der ersten Frage gehörig einen geblasen und nicht erst gefragt: Ei, wohin?).

Wunderkur

In Bad Kreuznach an der Nahe ist eines Tages ein neuer Kurgast eingetroffen. Mißtrauisch und ein wenig besorgt hat er gleich am Bahnhof einen
der dort auf einer Bank in der Sonne sitzenden Rentner gefragt: »Sagen
Sie mal, lieber Mann, sind die hiesigen Bäder denn wirklich so gut, wie es
immer in den Prospekten heißt?« Da hat der Mann auf der Bank im Brust-
ton der Überzeugung geantwortet: »Dat will ich meinen. Sehe Sie mich
bloß an. Wie ich hierher kumme bin, honn ich nit emoll in der Stubb uff
unn ab gehe könne, unn sogar im Bett hot man meich misse hochhewwe
unn erimleie.« Auf diese gute Auskunft hin hat der Neuankömmling den so
überaus quicklebendig und gesund vor ihm Sitzenden noch einmal ins Auge
gefaßt und hat gemeint: »Lieber Mann, Sie machen mir aber große Hoff-
nung auf meine Heilung. Nur eine Frage, wenn's erlaubt ist, hätte ich noch
— wie lange sind Sie denn schon hier?«
Da hat der Alte auf der Bank erwidert: »Seit ich uff die Welt kumm bin —
vor neinunnsiebzich Johr!«

Oh!

Als das Binchen einmal mit der Bahn gefahren ist, ist ihm hinterrücks ganz
heimtückisch, aber überlaut, ein Furz entfleucht. Na, das ist dem Binchen
vielleicht peinlich gewesen! Nur kalt' Blut bewahre, Binche, nur nix an-
merke lasse, nur kä Verlegeheit zeige, hat das Binchen bei sich gedacht, tust
halt so, als sei dir bloß eine Naht und nicht die Haut geplatzt. Darum hat
es nun ganz ungeniert und so, als sei ihm wirklich nichts passiert, den Herrn
auf der Bank gegenüber gefragt: »Ach, könnte Sie mir vielleicht sage, wieviel Uhr daß es is genau?« Der Herr hat auch wirklich auf seine Armband-
uhr geblickt und dann geantwortet: »Es ist jetzt grad genau 5 Minuten
vor halwer drei. Awer des muß ich schun sage: Bei Ihne, mein Frollein,

herrscht Ordnung; so ebbes trifft mer selte. Also offe geschtann: Mier wäre des zu umständlich, wann ich mer donoh' noch allemol uffschreiwe wollt, wieviel Uhr daß es wor . . .«

Verwechslung

Auf der Bahnfahrt — es war ein heißer und schwüler Tag, und die Luft im Abteil war zum Schneiden dick — hat der Jakob sein Kupee mit nur einem einzigen Mann zu teilen gehabt. Und wie die Pfälzer so sind: sie kommen schnell ins Gespräch nach dem Woher und Wohin. Als sich's dabei herausstellte, daß der Mitfahrende ein Schweizer war, hat der Jakob nichts anderes zu sagen gewußt als: »Na, so ebbes: Ich hätt' Ihn for en Limburger g'halte!«

Liebeserklärung an die Pfalz

Die Palz: des schöndschde, süßschde und beschde Fleckel uff de Welt; die Pälzer: die schöndschde, beschde und intelligendschde Menscherasse — wanns kee anner Mensche gäbb'!

Gebetserhörung

Als der Hinkels-Jakob kürzlich mit der Bahn von Ludwigshafen nach Neustadt gefahren ist, hat er im Kupee bei den vielen Damen dort keinen Sitzplatz gefunden. Nun ist der Jakob, 's müßte eben kein Pfälzer sein, natürlich kein Dummer und hat sich also zu helfen gewußt. Plötzlich hat er angefangen, sich kräftig am Kopfe zu kratzen, so als ob er Flöhe hätte. Nicht lange, so ist eine der Damen auf den Hinkels-Jakob und sein Gebahren aufmerksam geworden und hat ihn gefragt: »Lieber Mann, was kratzt Ihr Euch denn so?« — »Ei, weil's mich beißt«, hat der Jakob kurz und bündig geantwortet, »ich henn als Flöh'«. Da hättet ihr die Damen mal hören sollen.

40

»Jesses Maria«, haben sie gekreischt und fluchtartig das Abteil verlassen, so schnell, daß ihnen der Jakob, dankbar für die unerwartete Gebetserhörung, nur noch nachrufen konnte: » . . . unn es bissel Josebb dazu.«

Iwwerall Palz

In de Vorderpalz do heeßts »mer häwwe«,
hinnerm Dunnerschberg do seht mehr »hunn«,
awwer vorne, drunne, driwwe, drowwe
scheint die nämlich goldig Pälzer Sunn!

> In de Vorderpalz gibbt's »was zum Blose«,
> un bei uns do hinne »Schnerrt mer eens«,
> dann de Pälzer loßt sich net verdorschte
> un ans Wassertrinke bringt en keens.

In de Vorderpalz do duhn se »kreische«,
hinnerm Dunnerschberg hält keener 's Maul,
langt's met Kreische net, so gibbt's halt Mackes,
un beim »Bumbe« is keen Pälzer faul!

> In de Vorderpalz gibbt's »feine Flasche«,
> dicke »Krumbeere« hott 's bei Frankedahl,
> draus im Pälzer Wald stiehn dunkle Danne,
> un bei uns deheem — do wachst das all!

Sei 's drum vorne, drowwe, driwwe, drunne,
's is halt iwwerall die »fröhlich Palz«,
sahn se hunn se, hann se odder henn se,
all die Pälzer winsche: »Gott erhalt 's!«

Richard Müller, 1861—1924

41

Noch einmal: Pfälzer Grammatik

Ich honn, du hoscht, er hot;
do hammersch, do hättersch, do hunnses.
Denn: de Hunn-eich is mer doch liewer als der Hätt-eich.
Ich bin, du bischt, er iß, mer bin, ehr bin, sie bin,
bimmer, biner, binse.

Der miede Dichter

»Mach ämoll e Gedicht!«
»Ja, awer, üwer was?«
»Über de Pälzer Wald.«
»Geh fort, des is ja alt!«
»De Wei!«
»Is aa nix nei's,
die hot's ja dutzendweis.«
»Üwer die Lieb emoll.«
»Des is der grögste Kohl.«
»Ich will der mol was sage:
mach e Gedicht üwer de Schwartemage!«
»Des hot kä Poesie.«
»Du bisch e' Vieh
un hosch halt kä Courasch'.«
»Jetzt leckschd mich . . . awwer in Ruh!«

Karl Ludwig Münnich

Pfälzer Gruß — Kurz und bündig

Fröhlich Pfalz, Gott erhalt's!

Friedrich Nadler

Gnadenreflex

In Mainz, der rheinland-pfälzischen Landeshauptstadt, ist einmal ein Fremder angekommen (manchmal passiert das auch hier), hat nicht gewußt, wie er den rechten Weg finden soll und hat daher auf dem Bahnhofsvorplatz einen Einheimischen gefragt: »Ach, verzeihen Sie, ich bin fremd hier . . .«
Da hat der Mainzer nachsichtig gelächelt. »Ich verzeihe Ihnen«, hat er gnädig gesagt und sich daraufhin aus dem Staube gemacht.

Heimweh

In der Fremde, sagen die Pfälzer, wääß meer erscht se schätze, was die Palz is', wammer so 's Häämweh krieht . . . noo Bier un Wei, noo Duwak un Krumbeere, noo Sauerkraut un Lewwerwerscht . . .

Trost und Hoffnung

O Owendland, o Owendland!
Du gehscht kaput mit Schimp un Schand.
Besinn dich! 's is vielleicht noch Zeit,
betracht die Palz, die Pälzer Leit;
dann meer stehn stolz vun alters her
als Tugendfels im Laschtermeer,
do hall' dich dran in Not und Qual!
Do wie du willscht! — Mir is egal!
'es Owendland kann unnergehn —
Mei Pälzer Land, das bleibt bestehn!

Paul Münch

43

DE PÄLZER UN SEI WESEN (*Versuch einer Charakteristik*)

Mer Pälzer sinn, so wills mich dinke
e sunnerbare Menscheschlag:
Sinn mer luschdig, dun mer trinke,
sinn mer traurig, dun mer's a.

Daniel Kühn

So Leit wie meer, so stramm un stracks,
so scheen gebaut un grad gewachs,
meer sinn vum liewe Gott geschaff',
do stammt keen Duppe vume Aff'!

Paul Münch

Ja, Wei — un Duwak ewe
verschönern unser Lewe.
Mei Kleebsche schtobb ich,
berscht mei Schuppel Wei:
Ich bin ä Pälzer, will ä Pälzer sei!

Pfälzischer Kurier

Kennzeichen des echten Pfälzer Krischers

Jauchze, kreische, dischbediere,
als ehmol 's groß Wörtche fihre,
stets in Sunndagsstimmung bleiwe,
als e bissel iwwertreiwe,

44

un, wenn's Spaß meschd, zwischenei
luschdisch un krakeelisch sei,
randaliere, Bosse mache,
nörgle, schelte, uzisch lache,
gründlich eem die Wohret sage,
mächtig uff die Dischplatt schlage,
daß glei's ganze Haus dhut wackle,
net lang worschtle, net lang fackle,
sich die Zung fascht dusslich schwätze,
mol im Stille eener petze,
belze, foppe, Witz verzappe,
heemlich mit 'me Rausch heemdappe,
eem en Dunnerblick zuschmeiße,
d' Aare rolle, 's Maul uffreiße,
wie de Blitz kummt runner-g'schosse,
's Dunnerwetter fahre losse:
Do draa kennt mer ganz dotsicher
so en echte Pälzer Krischer.

Rudolf Lehr

Was eine richtige Pfälzer Kerwe ist

Getanzt werden muß dabei, daß den Mädchen die Röcke fliegen, die Schuh-
sohlen durchgetanzt sind und die Bauernmädchen am anderen Morgen die
Kühe im Takt melken. Getrunken werden muß soviel, wie nur hineingeht,
diskutiert und krakeelt werden muß, und zu einer richtigen Kerwe in der
Palz gehört eine zünftige Schlägerei. Wenn die schon nach Hause gegangene
Mutter ihren Sohn ausschickt, nach dem verlorengegangenen Vater suchen,
und der Sohn zu melden hat:

»'s Nasebään hot 'r gebroche,
un der Arm is bandagiert,
in die Hand is 'r geschtoche,
Rippe hot er zwee gebroche —
weiter is 'm nix bassiert«,
so sind sich alle Beteiligten darüber einig: Das war eine richtige Kerwe nach
Pfälzer Hausmacherart.

Pälzer Krischer

Es is geloge, is nit wohr,
die Pälzer sin ke Krischer,
die sin e dußma, ruhig Volk,
ich sah's un das is sicher.

Es stei't mer jedesmol die Gall,
mich bringt ball um de Aerjer,
wann mer e falsche Ansicht hat
von unsre Pälzer Berjer.

Ich geb's nit zu, koscht's, was es will,
un wann Ehr mich verreiße,
die Pälzer sinn ruhig un schtill,
das will ich Eich beweise.

Aus: Pfälzer Wein-Poesie

Beweis Nummer 1

In einer pfälzischen Wirtschaft wird einer der drei höchsten pfälzischen
Feiertage gefeiert: Die heilig' Sauschlacht. Sechzig Pfälzer sind da zum

46

Schlachtfestessen im Wirtshaus versammelt, und man hört: Tellergeklapper, Gläsergeklirr, man hört Schlappern, Schlürfen, Schnalzen, Rülpsen, Pischbern; aber man hört nicht ein einziges lautes Wort; man hört kein Diskutieren, kein Krakeelen.

Sage also noch einmal jemand, die Pfälzer seien Krischer und müßten immer lauten Spektakel machen, wo nur zwei oder drei von ihnen versammelt sind. Dem will ich gleich auf die Flunsch schlagen, denn: Pfälzer sind nun einmal keine Krischer.

Noch ein Beweis

In der Deidesheimer »Kanne« sitzen am Sonntagnachmittag ein paar Weinbauern beieinander und süffeln gemütlich und still den Bitzeler in sich hinein. Weil einer von den Gästen plötzlich »aarig Dorscht« verspürt, tut er etwas recht Ungewöhnliches: er bestellt sich zwischendurch beim Wirt eine große Flasche Mineralwasser. Als er die Flasche öffnet, spritzt ein gehöriger Schuß Aqua Mineralis heraus und dem Gegenüber am Tisch mitten ins erstaunte Gesicht. Aber wer nun gemeint hat, der Pfälzer Krischer würde aufspringen und Streit anfangen, der sieht sich getäuscht: Der also mit Wasser Getaufte bleibt ganz still und ruhig. Trotzdem meint der an dem Vorfall Schuldige natürlich, sich entschuldigen zu müssen: »Sie henn mir doch mei Mißgeschick nit etwa krumm g'nomme?« — »Nä, nä«, antwortet daraufhin der Abgespritzte, »es wor aach Ehr Glück: Ins Maul is jo nix kumme.«

Beweis Nummer 3

So e Pälzer der is witzig,
kniffig, piffig, flink un hitzig,
kreizfidel un gradeaus!

Dorschdig, borschdig, unverdrosse,
voller Lewe, voller Bosse,
kuraschiert bis dort enaus!

Froh un munter mit der Gawwel
schtobbt 'r in sein Pälzer Schnawwel
Lewwerknöbb un Griewewärscht!
Baut sein Duwak, schlacht sei Schweinche,
petzt die Mädcher, bärscht sei Weinche,
kummt sich vor als wie e Färscht!

Uze, duze, dischkeriere,
robbe, zobbe, dischbediere,
dhut 'r gern uf Schritt un Tritt.
Un nor ebbes dhut 'n quäle,
un nor ebbes dhut 'm fehle:
Kreische, nää, deß kann 'r nit.

Lina Sommer

Hochwaldkutsche

Zwischen zwei Hunsrücker Hochwaldbauern ist ein heftiger Streit ent-
brannt; denn der eine soll dem anderen mit dem Fuhrwerk durch den Acker
gefahren sein; und das ist allemal im Hochwald ein Streitgrund. Schreit
also der eine: »Dau sollst vrecke!« Brüllt der andere zurück: »Dau aach!«
Ruft der erste entrüstet: »Dar es jo e Retourkutsch'!« Meint der andere:
»Egal — wann se dich noore mitholt!«

Was die Pälzer nötig brauchen

De Pälzer braucht in Läd un Not
nit nore Krumbeere, Fläsch un Brot
un Wäsch un Häuser, Schuh un Kläder,
daß wieder surren alle Räder.

Mer Pälzer brauchen, des is klor,
zum Weiterlebe als Humor,
Humor, wo Dude uferweckt',
wann eicht noch Lebe in 'n steckt.

Karl Räder

Noch ein paar Kennzeichen des echten Pälzers

Wer aus gudem Holz isch gschnitzt,
viel schaffe kann, gern drinkt, net schwitzt,
e gsundes Herz im Leib drin hot,
un Kraft verspiert wie'n junger Gott,
en gsunde Sinn im Schädel fiehrt,
's Benemme hot, wie sich's gebiert,
e Gorschel wie en starker Mann,
krakeele, jodle, singe kann,
nooch allem Rechde ernschdlich sinnt:
Des isch e ausgschlubbd Pälzer Kind!

Werner Jester

Nur wer de Pälzer Bierdorscht kennt,
der weeß, wie wund die Gorgel brennt.

Rudolf Lehr

Pälzer Maurerwunsch

Morjens um 8 Uhr uffschtehe un Kaffee labbere,
um 10 Uhr ebbes knuschbere,
um 12 Uhr se Middagesse,
um 4 Uhr veschbere,
um 6 Uhr se Nacht wickele
un in der Zwischezeit: nix schaffe.

Daniel Kühn

Maurerdisput

Der 1. Maurer: Du gehscht aach am liebschte, wann de morjens uffschteischt, gleich Feierowend mache.
Der 2. Maurer: Das is wohr: Ich schaff nix — aber du: du schaffscht gar nix.
— Un wann ich nix schaff, dann schaff ich immer noch mehr wie du.

Bekenntnis eines Maurers

Ich trink als gere vorm Schnaps e Schnaps un noo 'ne Schnaps noch emol e Schnaps.

Ungewohnt

Eines Tages lief die ganze Gemeinde zusammen. Nein, so etwas hatte die Welt seit ihrem Bestehen noch nicht gesehen. Was war passiert? Da hott nemlich e Pälzer Maurer noo 12 Uhr middags noch geschafft.

50

Berufswunsch eines Pälzers

Im Sommer: Schneeschubber   Im Winter: Wolkeschieber

Von der Schwierigkeit, reich zu werden

An der erschd Million sammel ich ewe; die sechs Nulle hann ich schun beisamme; nor der Äänser vore dran fehlt mer noch.

Rat eines Vaters an seine Kinder

Lest, wann dr lese wollt, die Beere uff, die falle.
Was braicht er eich met Bicher uffsehalle?

Zweifel am Sinn des Schulbesuchs

Do wisse se, wu Moskau leit,
un in de Ortsgemarkung kaan Bescheid.

Todesgedanken

Ein Ludwigshafener sitzt am Rheinufer, schaut den vorbeifahrenden Schleppkähnen zu, freut sich seines Lebens und des schönen Sommertages, raucht stillvergnügt seine schmurgelnde Pfeife Pfälzer Duwaks und denkt an nichts Böses, da sticht ihn hinterrücks und unversehens ein bösartiger

Podhammel (= Rheinschnooke) kräftig und schmerzhaft ins Genick. Vor Schreck fällt der Ludwigshafener in die braune Rheinbrühe und kämpft, freilich dabei immer seine Pfeife festhaltend, verzweifelt um sein Leben. Zum Glück sind ein paar Leute in der Nähe: auf die Hilferufe des Alten kommen sie herbeigestürzt, werfen ihm einen Strick zu und ziehen den Halbersoffenen heraus. Als der, nachdem er seinen Mageninhalt von sich gegeben hat, halbwegs wieder schnaufen kann, fragen ihn die Retter: »Was hann Ehr dann gedenkt in d' Not, wie Ehr am Strick g'bambelt habt?« Der Ludwigshafener gibt daraufhin, immer noch nach Luft japsend, zur Antwort: »Hab' an nix gedenkt als: wann ich jetzt d' Strick loss lass, do leihn 'r all uf'm Dokes.«

So gescheit wie das Cäsperchen von Dannenfels

Vor mehr als anderthalb Jahrhunderten ist das Cäsperchen von Dannenfels, ein knapp vierzehnjähriger Bauernbub und Konfirmand, schon verstorben und lebt doch dank seiner Klugheit und Gescheitheit im Gedächtnis der Pfälzer noch heute fort. Denn kaum hatte er seinen letzten Seufzer getan und sein junges Leben ausgehaucht, stürzten die leiderfüllten Eltern zum Pfarrer des Dorfes und baten ihn händeringend, eine große Todesanzeige für das Lokalblatt aufzusetzen. Weil so etwas damals für arme Bauersleute ein wenig ungewöhnlich war, wollte der Pfarrer nicht so recht, daß den Eltern durch den Tod ihres Sohnes noch hohe, unnötige Kosten entständen. Aber er mußte doch bald einsehen, daß das Cäsperchen wirklich einen großen Nachruf verdiene; denn die Eltern lieferten ihm eine überzeugende Probe der Weisheit ihres Sohnes. »Denken Sie nur, Herr Pfarrer, wie gescheit, wie rührend unser Cäsperchen noch im letzten Augenblick seines Lebens war, und wie getrost er Abschied von uns nahm; erst vierzehn Jahre alt, und doch schon so gescheit wie ein Alter! Wissen Sie, Herr

Pfarrer, welch schönes, tröstliches, wahres Wort er im letzten Augenblick uns zugerufen hat? Ach, das wird uns fürderhin trösten, denn er ist selig und gewiß gestorben. Sein letztes Wort? Ach, leckt mich doch am Arsch . . .«

Erkenntnis des Petrus

Die Pälzer Seelen sind fürwahr
im höchsten Grade sonderbar.
Nach außen ruppig, struppig und hart,
doch innen wie Butter so weich und zart.

Paul Münch

Aach ä Standpunkt

»Das doo«, sagte der Bürgermeister einer kleinen Westrichgemeinde, als er pitschnaß mittags vom Acker heimkam, »das is ä Wärrer, doo schickt' m'r joo kää Hund vor die Dier.« Nachdem er sich so abreagiert hatte, rief er seine Frau und befahl ihr: »Da, Gret', doo hoschd' Geld. Laaf un hol' du mir emool ä Päckelche Duwak.«

Gemütsmenschen

Die Brombeeren im Hunsrücker Soonwald sind reif. Der Vater steht mit seinem kleinen Sohn, dem Hannes, an der Hecke, um die schönen, dicken, schwarz-blauen Beeren zu pflücken. Aber der Hannes pflückt mehr in sein Maul als in den Eimer; und manchmal bückt er sich auch, um die auf dem Boden liegenden überreifen Früchte aufzulesen. Plötzlich fragt er ein wenig ängstlich: »Sag, Vadder, honn die Brämere aach Bään?« — »Nää, dommer

Bub'«, antwortet daraufhin der Vater. Und beruhigt meint da der Hannes:
»'s gut, Vadder. Dann honn aich aweile ä Peerdsbobert (= Mistkäfer)
gess'.«

Der rote Hahn

In einem Dorf an der Nahe hat es vor einigen Jahren in einem einzigen
Sommer mehreremal hintereinander gebrannt. Die Leute in der Nachbar-
schaft haben zwar allerlei gemunkelt, aber etwas Genaues haben auch sie
nicht gewußt. Schließlich sind die häufigen Brände in jenem Dorf auch dem
Landrat des Kreises aufgefallen, und weil auch er der Meinung war, daß die
vielen Brände nicht mit rechten Dingen zugegangen sein können, ist er
eines schönen Tages in jenes Nahedorf gefahren, um dort nach dem Rechten
zu sehen. Er hat also den Bürgermeister aufgesucht und die Angelegenheit
zu klären versucht: »Wie kommt es nur, daß ...« Da hat der Bürgermeister
geantwortet: »Ja, wie kommt das bloß, Herr Landrat? — Noch ä'mol, än
änzig mol: dann is' die Flucht im Dorf grad'!«

Ja, wohin?

Nach dem Brand ist das neue Haus schnell fertig gebaut. Aber drum herum
liegen noch große Haufen Erde vom Ausschachten. Der Bauherr steht davor,
kratzt sich den Bart und fragt zweifelnd: »Jetzt aber wohin mit all dem
Grund?« Doch der Bauhilfsarbeiter weiß guten Rat: »Wisse Sie wat? Meer
grawe e tief Loch unn schmeiße de Grund do inne.«

54

Der letzte Brand

Kommt, in der guten alten Zeit, König Ludwig I. von Bayern wieder einmal nach Dürkheim. Tritt, in Ermangelung pfälzischen Militärs, die örtliche Feuerwehr in blankgeputzter Montur zur Ehrenwache an. Schreitet der König und oberste Landesherr die krumme Front der Angetretenen ab, wendet sich dann huldvoll an den stramm mit hochgezwirbeltem Schnurrbart an der Tete stehenden Feuerwehrhauptmann und fragt ihn: »Wann, Herr Kommandant, hatten Sie denn Ihren letzten Brand?« Antwortet der Kommandant, ohne lange zu überlegen, wie aus der Pistole geschossen: »Am letschde Worschtmarkt, Majestät!«

Die inneren Feinde

Nach beendigter Inspektion der Garnison Germersheim führt Ihro Majestät ein Gespräch mit den Soldaten über die äußeren und die inneren Feinde des Reiches. Über die äußeren Feinde ist bald Klarheit gewonnen: »Des sinn die Franzose unn de' Russ . . .« Aber die inneren Feinde? Doch ein frischgebackener Pfälzer Rekrut weiß auch hier die richtige Antwort: »Die inneren Feinde, Majestät, ich kann es zwar nicht beweisen; doch trommelt's mir so im Kopf herum: das sind für uns Bayern und Pälzer die Preußen.«

Der Hannes und der Alte Fritz

Ämoll is es dem Hannes dehäm uff'm Hunsrück zu langweilig gewees, do horr 'r sich uff die Wannerschaft gebb, is aach no Podsdam kum, wo der Alte Fritz gelebt hot; unn weil 'r en strammer Kerl wor, der sich vor kä'm Deiwel gefärcht hot, is er Grenadär bei de Preiße wor. Er war knapps e Veerdeljohr Soldat, do mußt 'r schunn Poste vorm Schloß stehn. Er hat daachsd'rvor grad vunn drhäm en Paket mit Budder, Worscht, Schinke unn

Käs krieht, unn drum horr'r sich e paar däftig belaachde dobbelte Budderschmeer mit uff Wach genumm. Seine Kuhfuß horr'r gehe det Schilderhaus
gstallt, unn mit sei'm Säckelmeß micht er sich nau an seine Schmeere se

schaffe. Uff ämol kimmt aus'm Haus en klä alt verhuzzelt Männche mit'm Krickstecke eraus. Mit seine große blaue Aue guckt dr Alt de Hannes scharef an, awer — der Hannes guckt grad so scharef zerick. Do is dat Männche uff de Hannes dar kumme, besiehd'n sich vun uwe bis unne unn froht dann ganz broforsch: »Wie lang ist Er Soldat?« Zeerscht hot der Hannes en Aueblick gestutzt, dann awer sahr'r gemiedlich: »Ror emol!« Do guckt dr Alt e bißche schalkich unn sähd dann: »Zwei Jahre.« — »Erunner!« — »Anderthalb.« — »Erunner!« — »Ein Jahr.« — »Als noch erunner!« »Ein halbes Jahr.« — »Immer weirer erunner!«
»Ein Vierteljahr.« — »Alleweil hoste's gerohd«, sahd der Hannes unn gibbd sich wierer an sei' Schmeer. Do hot der Alt doch laut lache mieße, guckt sich de Grenadär noch emol genauer an unn dreht sich imm, for weirer ze gehe. · Do kimmt's dem Hannes als preißischer Soldat awer in de Sinn, daß dat Männche gege ihn doch aarisch unverschämt war und rief em noh: »He, dau, heer emol! Wer bist dann dau eigendlich, dat dau die Leit eso ausfrähst?«
Do dreht sich der Alt in seiner abgeschabte Uniform wierer erum unn sähd zum Hannes: »Ror emol!«
Der Hannes is do en bißche unsicher wor unn sahd:
»Bist dau en Unneroffezeer?« — »Enuffer!« sahd der Alt.
»Bist dau en Leidenand?« — »Enuffer!«
»Bist dau en Hauptmann?« — »Enuffer!«
»Bist dau en Uwerscht?« — »Als enuffer!«
»Ei Kreizgewierer! Bist dau en General?« — »Immer noch enuffer!«
»En Schlaach soll meich dreffe! Bist dau der Alde Fritz?« — »Jawoll, mein Sohn!«
»Kerlche, Kerlche, do holl emoll hie mei' Budderschmeer! Do moß eich jo bressedeere!«

Zu hoch gespielt

Ein anderesmal hat der Hannes mit seinen Kameraden in der Kantine gesessen, als ein anderer Soldat aus der Stadt zurückkam und erzählte, daß er dort gerade zugesehen habe, wie sie einen Zivilisten zum Fenster hinausgeworfen hätten. Zum Glück hätte sich der Zivilist aber nichts gebrochen, weil er mitten in den Garten auf ein frisch eingesätes Blumenbeet gefallen sei. Der Kantinenwirt wollte nun sogleich wissen, warum denn der Kerl zum Fenster hinaus geworfen worden wäre, und der Soldat sagte: »Se honn Kard gespielt, unn do hot derselwicht falsch gespielt. Hoste nit gesiehn, honn'n sei Mitspieler an Kobb unn Arsch kriecht unn — Bardauz! — zum Fiester enausbefeerdert.«

»Wie hoch is'r dann gefall?« wollten nun die anderen Zuhörer wissen. »Aus'm zwädde Stock!« Da haben alle in der Kantine Maul und Nase aufgesperrt, nur der Hannes hat in aller Gemütsruhe gesagt: »Do is'm ganz reecht geschiehd. Warimm spille die dumme Leit aach so hooch?«

Immer im Dienst

Als der Hannes wieder nach Hause in den Hunsrück zurückkam, hat er sich in Simmern, der Hunsrücker Hauptstadt, beim dortigen Unteramtmann als Knecht verdingt. Er ist freilich auf schwere Arbeit nicht allzu versessen gewesen, hat lieber dünne Bretter gebohrt und sich, wo er nur konnte, von der Arbeit gedrückt. Am liebsten hat er sich ins Heuloch in der Scheune zum Schlafen verkrümelt. Eines schönen Sommernachmittags hat ihn dort der Herr Unteramtmann angetroffen und mit einem Fußtritt unsanft aufgeweckt: »Na, Hannes, eich denke, dau kannst nit lewe, ohne ze schaffe?« — »Jo, so is's aach, Herr Uweramtmann«, hat der verschlafene Hannes da geantwortet, »eich war feerdich mit 'r Arwet, die mr uffgedrahn wor, unn weil eich nit mießig gehe kann, do honn eich wenigstens geschloof'.«

58

Ei, Meister...

»Wieviel mol muß ich dir noch saan, dau sollst beim Schaffe net peife!«
raunzte ein Pirmasenser Schlappeflicker mit seinem Lehrling. Aber der
Lehrling antwortete bloß: »Ei, Meister, ich schaffe jo net, ich peife jo
noore.«

Nur zum Verkaufen

Pirmasenser Schuhe hatten schon im vorigen Jahrhundert einen guten Ruf.
Also kaufte sich eine Hunsrücker Bauersfrau für teures Geld in einem Sim-
merner Geschäft ein Paar echte Pirmasenser Treter. Aber schon drei Tage
später stand sie wieder im Laden, die neugekauften Schuhe unterm Arm
und wies sie anklagend der Verkäuferin vor: »Do, sehe Sie, die Suhle
doorch, die Rieme kaputt, die Spitze enaus, das Ledder welk...« Doch die
Verkäuferin antwortete ungerührt: »Ei, lieb Fraa, die Schuh sinn doch nit
fer drin erimmselaafe, die Pirmasenser Schuh sinn doch bloß fer se ver-
kaafe!«

Schtei' uff

Der Metzgerhannes ist in Meisenheim am Glan auf dem Viehmarkt gewesen und strebt nun wieder mit seinem Fuhrwerk dem heimatlichen Dorfe
zu. Unterwegs holt er den Ferdinand ein, der zu Fuß heimwärts geht. Bietet
der Hannes dem Ferd' an: »Willschd metfahre, Ferdi? Schtei' uff!« Fragt
der Ferd' zurück: »Was hoschde dann gelad', Hannes?« — »Vier Kälwer.«
Daraufhin äußert der Ferd' seine Bedenken: »Werd's aach net zu schwer
for dei Waage, wann ich noh metfahr'?« — »Nä, nä«, beruhigt ihn der
Hannes, »schtei' nur uff — uff ääns meh kimmts aa nit an.«

In Hoffnung

Ein Bauer fragt seinen Nachbarn ganz im Vertrauen: »Du, ich hab g'hört, bei dir hätt's am letschte Samstag gebrennt?« Antwortet der Nachbar im Flüstertone: »Halt dei Maul! Erscht am nächschte Samstag!«

Widerruf

Der Schorsch hat den Gemeinderat letzthin öffentlich beleidigt. Im Wirtshaus hat er lauthals verkündet: »Die Hälft' Gemänerät sinn lauter Esel!« Nun verlangt, natürlich, der Gemeinderat Satisfaktion. Schorsch muß also mit der Dorfschelle durch den Ort gehen und öffentlich widerrufen. Er tut's auf seine Weise: »Die Hälft' Gemänerat sinn kei' Esel!«

Rücktrittsgrund

Fragt die Frau Hannewackel ihre Nachbarin: »Sage' Sie moll, warum is' denn der Fraa Schulze ihr'n Mann nit mehr im Gemänerat?« Gibt die Nachbarin zur Antwort: »Wie, das wisse Sie nit? Der hott doch als in de Sitzung geschloffe unn hott dabei als so aarich geschnarkst; do is de Borjemäschter als wackerig worr!«

Blamage

Die ganze Gemeinde ist vollzählig versammelt, denn es geht um eine wichtige Abstimmung. Darauf weist der Bürgermeister noch einmal alle Anwesenden eindringlich und ausdrücklich hin: »Also, Leit', wenn 60 Prozent der Stimmberechtigten dafür stimmen, ist der Antrag angenommen, und die Straße wird gebaut.« Da erklingt mitten aus dem dicken Tabaksgewölk im Saal die Stimme des Franzmathes: »Kumm, kumm, blamiert Euch nit — mir sinn doch bloß unser achteverzich.«

Mut

Im dritten Reich hat der Mannheimer Fisch-Adam einmal wochentags auf dem Marktplatz an seinem Ständchen die neu eingetroffenen Seefische seinen Kunden in besonders sinnigem, treffendem Vergleich angeboten: »Häring — so dick als de Göring!« Kaum eine Stunde später waren zwei unauffällig gekleidete Lodenmäntelmänner da, haben den Stand zugemacht und den Fisch-Adam abgeführt. Acht Tage wegen »Verächtlichmachung des Reichsmarschalls« hat er im Bulles absitzen dürfen und Zeit gehabt, über seine Schandtat nachzudenken und sich zu bessern. Dann hat man ihn mit einer ernstlichen Verwarnung wieder laufen lassen. Als er nun erneut auf dem Wochenmarkt erschien, war er merklich zurückhaltender in seinen Anpreisungen und hat nur noch angeboten: »Häring — so dick als — de vorich Woch'!«

*

Do sieht mer halt die Pälzer Leit,
des isch e Raß voll Kraft un Schneid.
Do kann's breche oder biege,
die Kerl, die kannscht nit unnerkriege.   *Bellemer Heinrich*

Vergeßlichkeit

Der Schambes ist angezeigt worden, einen diamantenen Ring gestohlen und sich widerrechtlich angeeignet zu haben. Nun steht er vor Gericht und soll klipp und klar und ohne Umschweife die Frage des Richters beantworten: »Wie kamen Sie denn dazu, den Ring einfach so mitgehen zu lassen? Sie wissen doch, daß das Diebstahl und strafbar ist!« Der arme Schambes wird abwechselnd rot und blaß und druckst um die Antwort herum. Zum Glück sitzt unten im Zuschauerraum der Hannes, Schambes Freund. Der kommt dem arg bedrängten Schambes zu Hilfe und ruft ihm zu: »Schambes, sag doch ääfach, du hosch'n vergesse, ligge zu losse.«

Früher — heute

»Do kannschd«, hat die Frau Zwiwwelschlott zu ihrer Freundin Karoline dieser Tage treffend gesagt, »de Unnerschied von frieher unn heit deutlich sehe: Frieher hot jed' Kind sei Rotznas g'hatt, unn heit? Heit hot e jedi Rotznas sei' Kind.«

Pech

Annere Mäd' — jede Owend,
unser Binche — ämoll,
dä!

Bauernweisheit

Ein pfälzischer Bauer war ernstlich erkrankt. Als ihn seine Frau fragte, ob sie nicht doch einen Arzt holen solle, wehrte er aber ab: »Nee, Bawett, numme deß nett. So pressiert mers net mit'm Sterwe.«

Wer ist der Schlaueste im ganzen Land?

In den französischen Revolutionskriegen besetzten 1794 die siegreichen Truppen der Sansculotten auch Neustadt an der Haardt. Doch die Neustadter gaben sich mit der fremden Besatzung nicht zufrieden und sannen auf Verrat und Befreiung. Als das dem französischen General zu Ohren kam, ließ er öffentlich anordnen, zur Abschreckung und Warnung die drei gescheitesten Leute der Stadt zu ergreifen und kurzerhand aufzuhängen. Ehe der General jedoch seine Absicht wahrmachen konnte, war die ganze Stadt menschenleer; denn alle Einwohner hatten Hals über Kopf die Stadt verlassen, weil jeder von sich überzeugt war, er sei einer von den drei gescheitesten im Ort.

Ochsen

Auch zu Napoleons Zeiten sind die linksrheinischen Landstriche ganz wüst ausgeplündert worden. In Kreuznach hat damals vor allem der General Ogerau recht übel gehaust. Eines Tages hat er den Bürgermeister samt dem hochwohllöblichen Stadtrat vor sich bestellt und hat befohlen, ihm »bis morgen mittag zwölf Uhr« einhundert Ochsen abzuliefern, sonst . . . Nun, man kennt ja, was dem »Sonst« meist nachfolgt in solchen Zeiten. Da haben Stadträte samt Bürgermeister alle recht betrübte Gesichter gemacht, haben ihre Hüte noch tiefer in die Augen gezogen und waren dem Weinen näher als dem Lachen. Nur einer, der Metzgermeister Trumm, einer aus der heldenhaften Sippe Michel Morts, hat auch jetzt den Mut nicht sinken lassen, ist vor den französischen General getreten und hat frank und frei gemeint: »Erscht henn Ehr wie mit ääner Walz plattgedemmert die ganz' Palz, unn ewei wellt Ehr noch hunnert Ochse hann. Ja, kreecht ich Ochse, wer' ich froh! Die eenzig Ochse« — und er hat dabei nacheinander auf Bürgermeister und Stadträte gedeutet — »die eenzig Ochse hocke do unn henn die Hietcher uff.«
Danach hat der französische General auf seine Forderung verzichtet.

Rangordnung

Um die letzte Jahrhundertwende disputierten einmal in einer Speyerer Wirtschaft Münchener Offiziere miteinander. Ein Spaßvogel mischte sich unaufgefordert in das Gespräch ein mit der Bemerkung, der Herr Oberleutnant habe ganz recht mit seiner Behauptung. Erbost über diese Frechheit brüllte ihn daraufhin ein Hauptmann an: »Was geht's denn Eahna unsa G'spräch an: Wissen's denn überhaupt, wen's vor sich hab'n? I bin der Hauptmann Freiherr von G . . ., und wenn's mit mir reden, hab'ns fei aufzustehen.« — »Un ich«, sagte daraufhin der Zurechtgewiesene, »ich bin der Veltens Jakob von Speyer, unn wann Se mit mir redden — können Se ruhig hocke bleiwe.«

*

Korpsstudent Knuzius: »So wollen wir denn die Stätte verlassen mit dem erhebenden Bewußtsein, daß es noch Ideale in diesem Lande gibt, noch immer Schutz, Ehre und Gewissen, Reinheit und edle Liebe . . .« Weingutsbesitzer Gunderloch: ». . . un Gott sei Dank noch Weinberg', Stückfässer unn Misthaufe!«

Carl Zuckmayer: Fröhlicher Weinberg

Das Nationallied der Pfälzer: Ein Jäger aus Kurpfalz

Das Nationallied der Pfälzer ist »Der Jäger aus Kurpfalz«. Zwar kennt man bis heute nicht den wirklichen Helden des Liedes und schwankt in der Wahl zwischen Wodan, dem Wilden Jäger, Sankt Hubertus, dem großen Nimrod, den Grafen von Sponheim, dem Kurfürsten Johann Wilhelm von der Pfalz (1690—1726), dem Obristjägermeister von Hacke, dem Pfalzgrafen Johann Casimir (1543—1592), dem kurpfälzisch-reuthenden Erbförster Friedrich Wilhelm Utsch (1736—1795) — dem der letzte deutsche Kaiser im Soonwald 1913 sogar ein Denkmal errichten ließ — dem Förster Adam Melsheimer (1683—1757), dem Freiherrn von Hausen (1679—1742) und manchem anderen; zwar ist der tiefere Sinn dieses Liedes, das wohl mit seinen ursprünglich 7 Strophen eher ein Schürzenjäger- denn ein Jägerlied war, dunkel und unklar, und — so sagt Wilhelm Heinrich Riehl: »Die Gebildeten schämen sich dieses Liedes als besonderen pfälzischen Nationalliedes, weil der Text zur einen Hälfte nichtssagend und zur anderen sinnlos ist. Die Studenten nennen den Text ›göttlichen Blödsinn‹, der Kulturhistoriker muß sich erst einen Kommentar zu diesem Lied ausformen, das Volk kennt dessen Sinn und Bedeutung nicht mehr, das Volk singt aber noch immer das Lied, und

auf den Kirmessen wird die Melodie dazu noch immer besonders gerne zum Tanze aufgespielt. Es ist ein Denkmal einer Zeit, wo das pfälzische Volk noch nicht superklug gewesen ist, und noch mit Humor und Behagen eine Nichtigkeit und eine Dummheit sagen konnte.«
»Der Jäger von Kurpfalz« wird trotz allem auch heute noch viel, oft und gern gesungen: vielleicht entspricht das Lied doch dem spezifischen Charakter der Pfälzer?

Der Jäger aus Kurpfalz,
der reitet durch den grünen Wald,
er schießt das Wild alsbald,
gleich, wie es ihm gefallt.
Ju ja, ju ja,
gar lustig ist die Jägerei
allhier auf grüner Heid,
allhier auf grüner Heid.

Auf, sattelt mir mein Pferd
und legt darauf den Mantelsack,
so reit ich hin und her
als Jäger aus Kurpfalz.
Ju ja, ju ja,
gar lustig ist die Jägerei
allhier auf grüner Heid,
allhier auf grüner Heid.

Jetzt reit ich nicht mehr heim,
bis daß der Kuckuck »Kuckuck« schreit,
er schreit die ganze Nacht

allhier auf grüner Heid.
Ju ja, ju ja,
gar lustig ist die Jägerei
allhier auf grüner Heid,
allhier auf grüner Heid.

Variationen

I

Der Jäger aus d'r Palz,
der stolpert über'n Hutzelsack
und bricht schier Bein und Hals,
der Jäger aus Kurpfalz.

II

D'r Jäger aus Kurpalz,
der hat sein' Bauch mit Butter g'schmiert,
jetzt schwitzt er lauter Schmalz,
d'r Jäger aus Kurpalz.

III

Der Jäger aus Kurpalz,
der reitet durch die Krumbeersupp
und bricht darin den Hals
als Jäger aus Kurpalz.

Unverhofftes Wiedersehen

Zwei Westricher Musikanten, der Ferdinand und der August, die im vorigen Jahrhundert Amerika besucht hatten, waren dort in so große Not geraten, daß sie sich in New York trennten und, jeder auf eigene Faust, versuchen wollten, das Leben zu fristen. Nicht lange, nachdem die beiden Freunde sich aus den Augen verloren hatten, war der Ferdinand so mit seinem Latein am Ende, daß er sogar seine Drompet versetzen mußte, um nur ein paar Pennys in der Tasche für ein Stück Brot zu haben. Schließlich war aber auch das letzte Geld ausgegeben, und Ferdinand schlich nun durch das große New York, hungrig und verzweifelt, und war bereit, jede Arbeit anzunehmen, die sich ihm nur bot. Schließlich hoffte er sogar, bei dem Direktor einer kleinen Menagerie am Rande der Stadt eine Beschäftigung zu erhalten und hatte tatsächlich mit seiner Bitte um Arbeit, gleich welcher Art, auch Glück. »Eine meiner Bestien ist mir gestern eingegangen«, bot der Menagerie-Direktor, übrigens auch ein Deutscher, aber kein Pfälzer, dem Ferdinand an, »wenn du einen Löwen mimen kannst, will ich Jich gerne einstellen und dir für jede Vorstellung einen Vierteldollar zahlen«. Dem Ferdinand war's recht; denn Hunger tut weh; er ließ sich also vom Direktor in ein ruppiges Löwenfell stecken und in den leeren Käfig legen. Nun war aber der Löwenkäfig dieser Tierschau nur mit einer dünnen Wand vom benachbarten Käfig der Hyäne abgetrennt; und Ferdinand, der neue Löwe der Menagerie, der auch etwas für sein Geld tun und bieten wollte, sprang nun wie ein echter, wilder Wüstenkönig in seinem Käfig umher, brüllte und heulte und schüttelte die Mähne und rüttelte, ganz in seine Rolle vertieft, so heftig an der mittleren Trennwand, daß diese umfiel und Hyäne und Löwe sich unvermutet gegenüberstanden. In diesem Augenblick dachte wohl die Hyäne, daß Angriff die beste Verteidigung sei und rückte zähnefletschend dem Löwen zu Leibe. Der Löwe ergriff, so gut er in dem engen Raum des Käfigs konnte, die Flucht und schrie zugleich in höchster Angst

los: »Dehr Leit helft, die Hyän' will mich fresse!«
Da stutzte der Angreifer einen Augenblick, denn er hatte die Stimme im
Löwenfell erkannt, und sprach dann, wegen der amüsierten Zuschauer vor
den Gitterstäben, in gedämpftem Ton auf den Löwen ein: »Ferdinand,
kreisch' doch net eso, eich sens doch, de Auguscht!«

Einer nach dem anderen!

In einer pfälzischen Kleinstadt am Rhein amtierte um die Jahrhundertwende
einmal ein Königlich-Bayerischer Amtsrichter, der sich sogar über ihm zu-
gedachte Götz-Zitate erhaben fühlte. Als er einmal in einer Sitzung ein
Strafurteil zu verkünden hatte, entfuhr dem Angeklagten wegen der uner-
warteten Höhe der Strafe laut und deutlich: »Ach, leck mich doch am
Arsch!« Daraufhin antwortete der Königlich-Bayerische Amtsrichter in aller
ihm zu Gebote stehenden Ruhe und Würde: »Der Antrag wird abgelehnt!
Die Sitzung ist geschlossen!«
In einem ähnlichen Fall, so erzählt Oberrichter Frenken, der Leiter des
Götz-Archivs Oelde, seien Staatsanwalt und Protokollführer erregt aufge
sprungen, aber der Richter habe sie mit dem Zuruf besänftigt: »Langsam,
langsam! Immer einer nach dem anderen!«

Landwirtschaftliche Botanik

Ein Großstädter, zu Besuch im Westrich, kommt bei einem Spaziergang
übers Land an einem Kartoffelacker vorbei und wendet sich interessiert an
den dort arbeitenden Bauersmann.
»Entschuldigen Sie mal, warum blühen denn die einen Kartoffeln rosa und
die anderen weiß?«

68

Da antwortet der Westricher trocken: »Des isch ganz eefach — des ääne gibt die Gebredelte (Bratkartoffeln) unn des annere die Quellkrumbeere (gekochte Kartoffeln).«

Pfälzische Sparsamkeit

Am Schtreichhelzche muß m'r anfange se schbore, wammersch zu was bringe will, hodd emol e Fraa in de Palz gedenkt, und do hodd se owends beim Schlofegehn 's Licht brenne geloß, daß se's am annere Morje hot brauche net anseschtecke.

*

Hell un pfiffig, uzig un kniffig,
kän Dag ohne Wertshaus, krakeelig bis dortnaus,
iwwer alles räsoniere, bei jedem Wort dischbediere,
un dorschtig wie ä Mälzer: siehsch't, des is ä Pälzer!

Text auf einer alten Ansichtskarte (nach Lina Sommer)

Arbeit adelt

Die Mutter zu ihrem ersten Sohn: »Hannes, was schaffsch't dann?«
Der erste Sohn: »Ei nix, Mudder.«
Die Mutter zu ihrem zweiten Sohn: »Unn du, Pitter?«
Der zweite Sohn: »Ei, Mudder, ich helf'm Hannes.«

Früh übt sich...

Drei kleine Jungen sitzen in Heidelberg, der Hauptstadt der alten Kurpfalz, auf der Neckarbrücke. Eine Frau, die vorübergeht, erkennt die Gefährlichkeit dieses Spielplatzes und schimpft mit den Kerlchen: »Wollt ihr wohl gleich herunterkommen, ihr Lausebengel? Wie leicht kann da 'was passieren! Wie leicht könnt ihr ins Wasser plumpsen und ersaufen! — Was macht ihr da überhaupt?« — »Mir mache gar nix«, verteidigt sich das Fritzchen, »wir uze bloß die Fisch'.« — »Ihr uzt die Fisch'?« will die Frau es nun genau wissen. »Wie macht ihr denn das?« — »Ha ja«, gibt das Fritzchen der Frau Auskunft, »mer schbauze als do nunner, unn wann die Fisch' denoh schnappe welle, dann zieche mer die Schbauz als widder eruff!«

Kindermund

Das Fränzchen und sein Großvater machen einen Waldspaziergang. Zwischen beiden entspinnt sich dabei folgende Unterhaltung.
Großvater: »Fränzchen, dat sinn Wähle!«
Fränzchen: »Unn wie nennt mer die Dinger richdich?«
Großvater, nach langem, langem Überlegen: »Richdich nennt mer die schwarze Beere da Blau-Beeren.«
Fränzchen: »Unn wie kommt's, Großvadder, daß da noch rote drunter sinn?«
Großvater: »Dat kimmt daher, daß die noch grien sinn!«

Bescheidenheit

Sitzen eines Tages — es ist schon einige Zeit her — ein Berliner und ein Lauterer in einer Wirtschaft zusammen und sind bemüht, einander übertrumpfend, von der Größe und Besonderheit ihrer Heimat zu überzeugen.

71

Sagt der Berliner: »Bei mir zu Haus in dem Berlin, so jibt's bei Jott nichts mehr, ist 'n neue Maschine installiert worden. Oben sät man Korn hinein — unten kommt's Brot heraus, fix und fertig kastanienbraun jebacken.«

Winkt der Lauterer ab: »Isch noch gar nix: vor zehn Jahr', bei d'r Ausschtellung sellmols hier in Lautere, do hann ich e Maschin' gesieh: Owe hann se die Rebstöck' zum Pflanze hie'gschtellt — unn unne — unne hann d'r die Hausknecht schun die B'soffne rausgeschmiß!«

Zahnschliff

Als die ersten Fremden zur Erholung auf den Hunsrück kamen, war das ein großes Ereignis. Ein Mainzer Ehepaar hatte sich damals in einem kleinen Dorfwirtshaus als Gäste angemeldet. Das Essen war schon Stunden vor der Ankunft der Besucher fertig. Als die Gäste dann endlich kamen, gingen sie zuerst aufs Zimmer, um sich ein wenig frisch zu machen. Da sie nicht sogleich wieder herunterkamen, schickte die Wirtin die Magd, um nachzusehen, wo die Gäste so lange blieben. Die Magd schaute oben durchs Schlüsselloch und erblickte dabei etwas, was sie in ihrem ganzen Leben noch nicht gesehen hatte. Aufgeregt rannte sie die Treppe hinunter und rief:

»Sie komme gleich, sie komme gleich! Eich honn gesiehn, wie se sich schunn die Ziehn schleife!«

45 Grad

Endlich ist die Bergbahn auf die vielbesuchte Käschteburg bei Hambach fertig gebaut. Der Schaffner rühmt gegenüber seinen Fahrgästen die technische Leistung der Bahn: »Die hott an manche Schtelle e Schteigung vunn finfunnverzich Grad.«

Fragt ein Fahrgast interessiert und wißbegierig zurück: »Finfunnverzich Grad — im Schatte?«

DE PÄLZER UN DIE DREI GROSSE' W:
WECK, WORSCHT UN WEI'

Eisen — oder — Leder

Da saßen einmal zwei weinerprobte Mönche in ihrem Kloster Odernheim
an der Nahe beim Abendtrunk beieinander und gerieten schon nach dem
ersten Schoppen in einen heftigen Disput; denn der eine meinte, der Wein
da schmecke nach Leder, und der andere sagte: »Nein, nach Eisen!«
Sie mußten also, um den Streit zu schlichten, der Sache auf den Grund
gehen, probten und stritten, stritten und probten und lüfteten dabei so oft
den Spund, bis sie dem Fäßlein auf den Boden gekommen warer
Und was kam da, als sie das Fäßlein völlig aus- und leerprobiert hatten,
ans Tageslicht?
Ein Schlüßlein war's, ein winzig Ding, das brav am Lederriemen hing.

*

Fässer und junge Weiber
haben gleiche Leiber.
Bald sind sie voll, bald leer:
Das kommt just von den Herren her.
Inschrift in einem Faßboden, 1750

Man kann mich anbohrn,
dann hab ich mein Jungfernschaft verlohrn;
Bündnerknecht, es kann nicht anders sein:
Steche den Hahnen drein!
Weinmuseum Speyer, Faßinschrift

Gott segne diese Pfaltz bei Rhein
von Jahr zu Jahr mit gutem Wein,
daß dieses Faß und andere mehr
nicht wie das alte werden leer.

Weinmuseum Speyer

War es nicht ein schönes Fest?
Heut wieder einmal voll gewest'!

Friedrich IV. (der Aufrichtige) von der Pfalz

*

Ich fühl' mich hier manchmal wie daheim in der Pfalz: Die Damen am französischen Hof sind jeden Abend sternhagelvoll, und mein Sohn hat eine Maitresse, die säuft wie ein Bürstenbinder.

Liselotte von der Pfalz an Raugräfin Luise

1525 — 1832 — 1848/49

Der Bauernkrieg in der Pfalz begann anno 1525 im Winzerort Nußdorf bei Landau just am Kirmesdienstag, als sich die Bauern genügend Courage angetrunken hatten und nun längs der Weinstraße die Burgen und Klöster leersoffen und in Flammen aufgehen ließen, bis dann der siegreiche Verlauf der Revolution zur Strafe für den übermäßigen Weingenuß in der letzten Schlacht bei Pfeddersheim in Strömen von Bauernblut erstickt wurde.
Und »Der Deutsche Mai«, das Hambacher Fest von 1832, war bei allem politischen Ernst auch ein romantisches Weinfest. Denn von den 30 000 auf der Käschteburg Versammelten wurden allein 8 volle Fuder Wein gebechert und in der Stadt drunten noch mehr, so daß die Reden natürlich entsprechend befeuert waren. Neben der Fahne »Schwarzrotgold« trugen die

74

Winzer von Dürkheim damals auch die schwarze Winzerfahne auf das Hambacher Schloß.

Der Aufruhr der »tollen« Jahre 1848/49 war an der Weinstraße und besonders in Neustadt nicht zuletzt auch deshalb besonders groß, weil der Wein dieser Jahre besonders gut war und den Mut der Aufständischen beflügelte. Und als der Kriegszustand in Neustadt, damals verteidigt von einer bayerischen Besatzung und einem königlichen Platzkommandanten, schon längst aufgehoben war, die Freischärler Heckers in alle Winde zerstreut, beherrschten die hellblauen Uniformen noch immer die Weinwirtschaften, berichtet ein Chronist. Als damals, 1849, die altbayerischen Truppen in der Pfalz einzogen und die Weinstraße entlangmarschierten, wo sich Ort an Ort reiht und alle Orte den Eindruck von Städten machen, fragten sie immer wieder, wann sie denn nun endlich in ein Dorf kämen. Auf die Antwort hin, daß dies doch alles Dörfer seien, wußten sie nichts anderes zu entgegnen: »Malefiz' Demokrat'n! Müssen alleweil was Besseres hab'n!«
Und dabei ist es in der Pfalz bis heute geblieben.

Warum 1849 Landau nicht erobert wurde

Als im Operettenkrieg 1849 die pfälzischen Aufständischen unter Hecker mit ihren langen Bärten und den großen Schlapphüten vor der Feste Landau erschienen, konnten sie sich — gute Demokraten, die sie waren — nicht einigen darüber, was sie zuerst tun sollten: »Wollen wir z'erscht stürmen oder z'erscht frühstücken?« Und weil sie sich nach langer Debatte »z'erscht for's Friehsticke« entschieden — es gáb Käschde un' Bitzeler, Weißen Käs', Schlagsahne mit Zwiwwele dazu, Kesselfleisch un Zwiwwelesalat, Säumage un Schoppewei, je nach Geschmack — haben sie sich, satt vom guten Essen und vielen Trinken, nicht mehr dazu entschließen können, Landau anzugreifen und sind vorerst wieder abgezogen und heimgegangen, den Rausch auszuschlafen.

Goethe an der Nahe

Als Goethe nach dem Besuch des Bingener Rochusfestes auch an die Nahe reiste, kehrte er dort bei einem Wirt ein, ließ sich ein opulentes Mahl auftragen, trank fünf Flaschen des süffigen Naheweines dazu und verlangte. schließlich die Rechnung. Zu seiner Verwunderung mußte er sich von dem Wirt folgende Rechnung aufmachen lassen: »Den Wein, das Brot, die Butter, die Wurst, den Schinken, den Käs' — das haben wir alles selbst; das kostet also nichts. Nur den Senf — den müssen wir in Bingen kaufen; der muß also bezahlt werden, macht Summa Summarum einen Kreuzer.«

Noch ein Stücklein aus alter Zeit

Der Rheingraf von Grumbach im Westrich ist nicht nur ein großer Zecher und Schlemmer gewesen, sondern hat auch seine Untertanen so schikaniert, daß sie sich schließlich gegen ihn auflehnten. Sie ergriffen ihn und warfen ihn kurzerhand in ein riesiges Weinfaß, um ihn darin zu ersäufen. Als sie aber am dritten Tage kamen, um ihn zu begraben, kletterte er lebendig und ganz durstig aus dem Faß hervor, das er inzwischen rutzebutz leergepichelt hatte.

Binger Bleistifte

Während einer bedeutsamen Ratssitzung forderte einst der Binger Bürgermeister seine Ratsmitglieder auf, sich die wichtigsten Punkte der Verhandlung zu notieren. Doch siehe da: Keiner, auch das Stadtoberhaupt nicht, hatte einen Bleistift in seinen Taschen.
Nach der Sitzung beschloß man, einigen Flaschen Wein den Hals zu brechen und den neuen Jahrgang aus den städtischen Weinbergen »von Amts wegen« zu probieren. Als nun der Bürgermeister fragte, ob denn jemand zu-

fällig einen Korkenzieher bei sich habe, um die Flaschen zu öffnen, zog jedermann in der Runde allsogleich ein solches Instrument aus seiner Tasche hervor.

Seitdem aber heißen die Korkenzieher im Volksmund nur noch Binger Bleistifte.

Die Prozession

Die Prozession ging durch die Weinberge der Unterhaardt, um die gefährlichen Lenzfröste abzuwehren. Ein alter Winzer trug dem Zug das Kreuz voran. Als man nun singend und betend an seinem Wingert vorbeikam, brach der Winzer dort zur Probe einer Rebe ein Auge aus und mußte zu seinem nicht geringen Schrecken feststellen, daß es bereits erfroren war. Da stellte er das Kruzifix zur Seite und sagte: »Trag es, wer da will...«

Als nun ein anderer Winzer das Kreuz mit dem Heiland aufnahm und weitertrug, sagte ein altes Weiblein mahnend zu ihm: »Heb' ihn nur recht hoch, damit er sieht, was er angerichtet hat.«

Was Gott tut...

Über Nacht hat's in der herbstlichen Weinlese schwer geregnet. Alle Kübel und Eimer, die man, wie hierzulande üblich, über Nacht im Freien gelassen hat, sind voll Wasser. Am anderen Morgen fragen daher die Arbeiter den Weingutsbesitzer: »Sollen wir das Regenwasser ausleeren?«

Antwortet der Winzer: »Nein, nein, laßt's nur drin. — Was Gott tut, das ist wohlgetan.«

Vermächtnis

Als der alte Winzer im Sterben lag, ließ er seinen ältesten Sohn zu sich ans Sterbelager rufen, deutete ihm an, sich neben dem Bett niederzuknien und flüsterte ihm mit ersterbender Stimme sein letztes Vermächtnis ins Ohr: »Mer kann aach aus Trauwe Wein mache.«

De Derkhemer Worschtmarkt — de Pälzer Wei'- un Dorschtmarkt

Jedem werd's jetzt sunneklar:
Wer noch nie in Derkem war
uff em Worschtmarkt — des is glatt —
hot vum Lewe noch nix gehatt.

Helmut Metzger

*

Froo' den Parre...

Sitzt da ein Mann auf der Vortreppe seines Hauses und jammert zum Steinerweichen: »Ach, mein Vadder hot mich widder so aarich verschlaa'. Der Alt' kennt kei' Schpaß trotz seiner finfunnachdzich.«
Fragt ein vorbeikommender Passant den so heftig Wehklagenden: »Aber — wieso? Wos hoschd dann a'gschtellt?«
Sagt der Mann auf der Treppe unter Schluchzen, Heulen und Zähneklappern: »Dabb ich doch mit mei'm Großvadder, groh unn krumm, wie's halt in de Palz so More is', uff unsern Derkhemer Worschtmarkt unn hab'n do jo verlore'. Jetzt hann' en vorhin zwää Nochbere heimgetraa', nadierlich

78

kroddevoll, unn do hott mich mei Vadder defor verschlaa', weil ich net besser uff'g'paßt hab'.«

Meint der Straßenpassant: »Awer, liewer Mann, des glaabt Ihne doch kääner.«

Antwortet der Schluchzende: »Des glaabt kääner? Ei, do gehe Se doch ins Parrhaus und froo'e do de Parre: De hott — 's wohr, Se werre net vor dumm verkaaft — mei' Großvadder als klee Kind gedaaft — der kann die Wohret sage. Gehn Se noore, dhun Se'n froo'e.«

*

Gäbs kä Wein dort for de Dorscht,
dann wär mer Worscht samt Worschtmarkt Worscht.

August Mohr

Enunner schmeckt's besser

Da kam einmal ein Norddeutscher zum Dürkheimer Wurstmarkt, dem Nationalfest der Pfälzer, wo sich alle Welt verbrüdert, ließ sich dort einen Schoppen nach dem anderen geben und war nicht voll genug des Lobes: »Donnerwetter, schmeckt das Zeug schön. Das geht ja wie Zucker runter!«

»Heern Se emol«, sagte da ein alter Derkhemer zu ihm, »nemme Se sich in Owacht, wann Se de Wei net gewehnt sei, duhn Se langsam, sonst wer'n Se was erlewe.«

»Ach was, da habe ich schon ganz andere Weine getrunken als dies leichte Zeug, ohne daß es mir geschadet hat.«

»Mache Se, was Se wolle!« sagte der andere.

Der Fremde trank also weiter und weiter. Auf einmal aber hat er nichts mehr getrunken, warf ängstliche Blicke nach der Tür und war plötzlich wie ein Gewitter draußen.

Da dachte sich der alte Derkhemer: »Du mußt doch emol gucke, was des Großmaul mecht!«

Wie er nun in den Hof kam, stand da wirklich das Herrchen in einer Ecke und stöhnte zum Gotterbarmen.

»Do hammersch ja«, sagte der Alte, »ich hab's ja gewißt, desses su kimmt. Gell, enunner zu hots vorhint besser geschmackt wie jetzt eruff zu's?«

(nach: Rolf König: Bacchus lacht)

Derkhemer Trinkspruch

Eß un trink, solang der's schmeckt,
schun zwämol is uns 's Geld verreckt.

Carl Zuckmayer auf dem Dürkheimer Wurstmarkt

Ich liebte den Valentin aus der Pfalz, den Raufbold, den Vagabunden mit seinen vierzehn Vorstrafen und seiner vollkommenen Immoralität. Ich konnte nicht anders, als ihn gern haben. Er war kein feiner Mensch und ein miserabler Soldat. Dies war er mit Methode. Wenn es galt, ein Geschütz mit Seilen aus dem Schlamm zu ziehen, war er derjenige, der am lautesten »Zu-gleich!« brüllte und dabei keinen Muskel straffte und keinen Schweißtropfen verlor. So etwas mußte gekonnt sein: durch Anhalten des Atems einen roten Kopf zu bekommen, so daß es aussah, als strenge er sich an, obwohl er gar nicht daran dachte. Er war ein Meister in Selbstschonung, dabei ein robust-muskulöser Kerl, von Beruf Schiffsschaukler . . .

Als ich ihn nach dem Kriege wiedertraf, auf dem »Dürkheimer Wurstmarkt«, einer berühmten Jahrmarktsveranstaltung in der Pfalz, wo er die Schiffsschaukel bremste, lagen wir uns in den Armen. Er hatte eine heidnisch-antike Art, seine Sympathie zu bezeugen. Sofort rief er seine Braut,

eine hübsche, dralle Person aus Birkeneders Schießbude, und befahl ihr in
herzlichem Ton, mit mir zu schlafen...

(Aus: »Als wär's ein Stück von mir«, S. 228/229)

Zwei pfälzische Wirtinnen-Verse

Frau Wirtin hat auch eine Bas,
die trinkt nur aus dem Schoppenglas.
Hat sie dann eins im Dache,
dann singt sie wie 'ne Nachtigall:
Komm, lieber Mai, und mache...

Es steht ein Wirtshaus in der Pfalz,
da halten alle Fuhrleut' an,
die Wirtin hat en dreckig' Hals
und sitzt allzeit am Ofen:
Den Wein kann kääner sofen...

Pälzer Worschtmarkts-Wallfahrt

Wer noch glaabt an Pälzer Wei,
an Frohsinn, Uz un Luschdigsei,
ans Pälzer Lied, an Pälzer Dorscht,
an Pälzer Mädle, Pälzer Worscht,
der macht halt heut sei Pilgerfahrt
zum Pälzer Worschtmarkt an die Haardt.

Un keen will's in sein Fernsel nei:
Wie kann m'r nor ke Pälzer sei'!

Kurzum, e jeder dauert ehm,
wo nit in uns're Palz dehäm
und wo im Herbscht nit an die Haardt
uff Derkem uff de Worschtmarkt fahrt.

Karl Räder

Im Tran

Ein Pfälzer, auch das soll manchmal vorkommen, wenn auch selten, hat dem
guten 59er Jahrgang auf dem Dürkheimer Wurstmarkt gar zu kräftig zu-
gesprochen, kommt abends schwer geladen schwankend nach Hause, zieht
sich mit Hilfe seiner besseren Ehehälfte ächzend aus und sagt dann:
»Liesche, halt die Bettlad' fescht, bis ich drinn lieg'.« Als er schließlich im
kreisenden Bett liegt, röchelt er mit schwerer Weinzunge: »So, Liesche, ewei
loß se schnerre.«

Was nicht geht, geht nicht

Einer, der auf dem Wurstmarkt gut geladen hat, kommt zum Bahnhof und
verlangt am Fahrkartenschalter, um wieder heimzufahren, ein Billett nach
Edenkoben. Beim Bezahlen fällt ihm unversehens ein Fünfzigpfennigstück
aus der Tasche auf den Boden.
»Hee«, ruft einer. »Ihr habt fuffzig Penning falle losse. Hebt se doch uff!«
»Uffhebbe?« gurgelt da der Edenkobener. »Ich soll fuffzig Penning uffhebbe? Nix da! Wann ich mich bück', laafe mer for drei Mark Wein eraus!«

Noor ääner

Der Schambes hat auf der Heimfahrt von Dürkheim mit seinem Motorrad einen Unfall gebaut und ist in den Straßengraben gesaust. Die Polizisten entnehmen darauf dem Schambes eine Blutprobe und stellen fest: Mehr Wein als Blut im Korpus. Da raunzt einer der Polizisten den Schambes an: »Do hoscht d'r awwer 'was Schönes g'holt. Wieviel hoscht dann g'soffe?« Der Schambes, in seinem Tran die Augen mühsam öffnend: »Was werr' ich g'trunke hann? Ääner!« — und nach einer Pause noch einmal stammelnd: »Ääner — noh'm annere!«

Falsch gedacht

Dem vom Dürkheimer Wurstmarkt Heimkehrenden fegt der stürmische Wind den Hut vom Kopf.
»Hut«, sagt er da und wankt wie ein Rohr im Winde, »gelt, du meenscht, ich hebb dich uff? Ich hebb dich awwer net uff! Denn wenn ich dich uffhebb, dann fall ich hin; unn wenn ich hinfall, du hebbscht mich nit uff!«

Wieviel?

Zwei pfälzische Wein-Fabrikanten (auch das gibt es) saßen einmal in ihrem Weinkeller und probierten ihr Gebräu. Lobend sagte nach einigen Schlukken der eine zum anderen: »Kerle, Kerle, do defür kriegschte ebbes ...« — »Was denn«, wollte nun der andere wissen: »Was meenschde dann, was ich do defür krieg?«
»Na«, erwiderte der erste, »für den erschde vier Woche, für den letschd drei Monat'.«

Laufen gelassen

Der Weinpanscher ist erwischt und für ein paar Monate eingesperrt worden; seinen gepanschten Wein hat man beschlagnahmt und in die Gosse geschüttet.

Nach seiner Rückkehr begegnet der Schorsch dem Panscher und fragt ihn: »Ach, gute Dag, widder frei? Na, wie geht's, wie steht's, was macht das Geschäft, was macht der Wein?«

»Ah«, antwortet der Panscher, »der Wein hott's gut. Den hann se laufe losse, mich henn se ei'gesperrt.«

Das Wunder

Ein nicht ganz »sauberer« Weinhändler kommt zufällig in den »Goldenen Kochlöffel«, wo eben drei Winzer zusammensitzen und den Geburtstag des einen feuchtfröhlich feiern. Natürlich will er sich, weil's auch gelegentlich seine Kunden sind, nicht lumpen lassen, geht also selber mit in den Keller, holt von dort ein paar Flaschen herauf und spendiert sie den Winzern: »Na, wie schmeckt euch der? Schlüpft er einem nicht wie Mandelmilch, wie Rosenöl, wie Engelspiß durch die Kehle?«

Die drei Winzer verkosten das Geschenk, das derart angepriesen wird, mit ganz vorsichtigen Schlucken ... und schweigen lange. Schließlich meint einer von ihnen: »Ja, des isch e seltene' Wei; ich komm mer grad vor wie uff de Hochzit zu Kana.«

Das Wunschetikett

Kehren eines Tages zwei wegmüde, weindurstige Wanderer in einer kleinen Pfälzer Dorfwirtschaft ein, lassen sich von dem steinalten Mütterchen hinter dem Schanktisch die Weinkarte reichen, versenken sich mit inbrünstiger

Andacht in die Liste des dort Angebotenen, wählen sich etwas ganz Besonderes aus und nennen, den Vorgeschmack des Weines schon auf der Zunge, den Namen eines vielversprechenden edlen Gewächses.

»Ihr sollt e gut's Weinche hawwe«, nimmt das Hutzelweibchen mit freundlichem Kopfnicken die Bestellung entgegen und trippelt fort in den Weinkeller. Die beiden Gäste in der Wirtsstube aber warten und warten und warten.

Schließlich wird ihnen das Warten doch zu lang, und sie machen sich auf die Suche nach der Alten, die sie endlich auch im Keller beim Schimmer einer Kerze vor den Flaschenregalen entdecken: die große Brille auf der Nase, eine verstaubte Flasche in der Linken, ein Kästchen voll bunt bebilderter Zettel in der Rechten.

»Gut, daß 'ner kummt«, werden die beiden Gäste von dem Mütterchen empfangen, das ihnen mit erlöstem Lächeln Flasche und Schilderkästchen entgegenhält: »Mei Aage sinn schunn aarich schlecht, do henn Ehr Euere Wein, do henn Ehr die Schilderdier: Pappt Eich selwer ebbes druff, was Eich g'fallt!«

Alkoholgegner

Alkohol, die Lumbebrieh,
die sauft e echter Pälzer nie!
Denn is de Dorscht grad groß genunk,
dann werd e Häbche Bier getrunk,
un als e Schnäpsche zwischedrunner,
das hält em frisch und macht em munner.
An so'ne Sache sieht mer als,
wie gut mer dran sein in de Palz,
dann wann mer Dorscht han als emol,
do brauche mer kee Alkohol.
Mer saufe unsern guten Wein,
wammer e bißche dorschtig sein!

Paul Münch

86

Du kannscht mich

Zwei Pälzer Krischer sind beim Bitzeler miteinander in Streit geraten. Plötzlich springt der eine auf, haut mit der Faust auf die Tischplatte und schreit sein Gegenüber an: »Weischt, was du mich kannscht?« Dem anderen schwillt ob dieser unfeinen Einladung die Zornesader, aber da fährt der erste, ein wenig ruhiger geworden, fort: »Net leide kannscht d' mich!«

*

So neier Bitzler hot die Kränk,
do ka mer sich versohle.
Do fallt mer glei von Stiehl un Bänk,
des soll de Deiwel hohle.

Karl August Woll, 1865

Drei Gründe, ins Wirtshaus zu gehen:

I. Die meiste Leit sterwe dahäm, deshalb geh ich ins Wirtshaus.
II. Das schönschd Familielebe schpielt sich in der Weinschänk' ab.
III. Im Wertshaus verduften die Schagrille wie e Schpitzbuw' vor 'm Bolizeidiener.

Wein auf Pump

Ein alter Schoppenstecher aus der Pfalz, der beim Wirt immer in der Kreide stand, wurde bei seinem nächsten Wirtshausbesuch daraufhin angesprochen: »Josef, da stehen noch siewe Schoppe vum letschte Mal.«
Josef ließ sich wegen dieser läppischen Schulden nicht aus seiner Ruhe bringen, nickte bedächtig zu den Worten des Wirtes und sagte dann: »Gut,

87

gut; aber bringt mir erst einen Schoppen in natura. Das ist doch keine rechte Wirtsart, einen Gast verdursten zu lassen.«

Als ihm der Wirt den bestellten Schoppen serviert hatte, schlürfte Josef das köstliche Naß behaglich, kam auf den Geschmack und süffelte in aller Seelenruhe deren fünfe vor sich hin. Nachdem er den fünften intus hatte, seufzte er erleichtert auf: »So, jetzt hab' ich nur noch zweie zu bezahlen«, legte das Geld dafür auf den Tisch und machte sich aus dem Staube.

Bier auf Pump

Ein Birkenfelder, der zwar immer großen Bierdurst, aber stets wenig Geld hatte, mußte sich ebenfalls eines Tages vom Wirt sagen lassen, daß er noch elf Glas Bier bei ihm in der Kreide stehen habe. Da antwortete er kurz und bündig: »Och, Wirt, schitt se aus!«

*

Trinkt ener schtill e Gläsel brav:
do bleibt er zahm wie Lamm un Schaf.
Blost mer zwä Flasche Rebesaft:
do ment mer, mer hätt Löwekraft.
Un wer gar fünf, sechs Schobbe schlickt:
der grieht en Aff un werd verrückt.
Doch wer Wein »sauft«, merkt's euch genau:
der sinkt als Mensch herab zur Sau!

Karl Räder

Rheuma, Gicht oder...?

Der Pfälzer »Kutscher« ist ein richtiger Dreimännerwein: Wer ihn getrunken hat, geht nachher so, als ob er an Rheuma oder Gicht leidet. Zwei Freunde, die die Gimmeldinger Dorfstraße hinabschlendern, sehen eben, wie der Pit aus der Wirtschaft kommt und vor ihnen unter Ächzen und Stöhnen steifbeinig und vorübergeneigt, mit den Händen die Hose festhaltend, heimwärtsschleicht. Natürlich bedauern sie den Armen und grübeln darüber, was er denn haben möge: Gicht . . . oder Rheuma . . . Ischias . . . Hexenschuß . . . oder gar das Zipperlein? »Nix von allem«, entgegnet der Pit schließlich auf ihre mitleidigen Fragen: »Ich henn Kutscher g'soff unn hann ewei die Hosse voll.«

*

Apfelwein beschert ein trauriges Herz, aber ein munteres Loch.

Volksmund

Verwandlungskünste

Es hot emol ääner en Aff' hämgetrage, und was for ääner! Unn was is draus worre? — Ään Kater, ään mordsmäßig großer!

Wetterlage

Den Hannes, der wieder einmal zuviel getrunken hat, übermannen die Geister des Weines: Er sinkt vor der Wirtschaft auf die Bank neben der Treppe, stützt die Ellbogen aufs Knie, den müden Kopf in die Hände, und dusselt ein. So finden ihn ein paar Dorfburschen, füllen eine Gießkanne mit Wasser und lassen es sanft auf das Haupt des armen Sünders regnen. Langsam kommt dadurch der Hannes wieder zu sich, dreht den Kopf, schaut zum Himmel auf und brummt vor sich hin: »Kurios, die Schtern' schtehn am Himmel, unn es räänt dicke Droppe, so war noch näischt!«

Es liegt was in der Luft

Gewitter und Regen halten die Gäste lange in der Wirtschaft auf. Gegen zwölf Uhr schicken sie schließlich einen der ihren los, er solle draußen nachschauen, ob es noch regne. In seinem »Hormel« verirrt sich der Losgeschickte aber im Hausgang, stolpert in die stockdunkle Küche und öffnet — wobei ihm die Tür so heftig gegen den Kopf prallt, daß er vor seinen Augen Sterne tanzen sieht — den Wandschrank, wo die Wirtin die überreifen Pfälzer Handkäs' aufbewahrt. In die Gaststube zurückgekehrt, verkündet er seine Erkenntnis: »Et is dunkel, trieb' unn hell gestirnt, unn de Luft schtinkt noo Käs'!«

*

Alter Wein und junge Weiber
sind die besten Zeitvertreiber.

*

Der Schuldige

»An allem ist letzten Endes nur der Wein schuld«, sagt der Ehemann zum Arzt, der eben die Frau, die schon neun Kinder hat, untersucht und dabei feststellen muß, daß sich das zehnte angemeldet hat. »Aber wieso der Wein?« will der Doktor wissen. »Ei«, erwidert der Ehemann, »wenn der Wein ein guter Jahrgang zu werden verspricht, kriegen wir ein Kind vor lauter Freude; und wenn er schlecht wird, vor lauter Wut.«

Bitte

Als ein Weintrinker einmal so viel intus hatte, daß beim besten Willen nichts mehr hineinging, forderte er seine Freunde flehentlich auf: »Schitt en iwwer mich!«

90

Ärztlicher Rat

Der kranke Winzer kam endlich zum Arzt und ließ sich gründlich auf Herz, Leber, Nieren und Lungen untersuchen. Nach der Untersuchung meinte der Arzt: »Ja, mein Lieber, Sie haben zuviel Passionen: Wein und Weiwer. Das verträgt der beste Körper auf die Dauer nicht. Sie müssen auf eine verzichten, aber — auf welche?« Da antwortete der Winzer: »Ja, Herr Doktor, das kommt auf den Jahrgang an!«

Dankbarkeit

Der seit Wochen durch Überarbeitung leicht Impotente, dem der Arzt zur Stärkung seiner Manneskraft ausreichenden Weingenuß verschrieben hat, stürzt einige Zeit später freudestrahlend zum Doktor und dankt ihm aus vollem Herzen: »Herr Doktor, Sie wissen ja gar net, was Sie meiner Frau für eine Freude gemacht haben!«

Pitter und seine Xanthippe

Auch in der Pfalz gibt es gar grausliche Xanthippen. Pitter, der Schnutebutzer, wußte ein Lied davon zu singen; denn er war mit einem solchen Drachen verheiratet. Was macht solch ein Mann mit so 'nem Weib? Er geht halt öfter ins Wirtshaus und ersäuft seinen Kummer im Wein. Freilich: wenn er dann fröhlich und guter Dinge nach Hause tappte, war die Haustür abgeschlossen, und die Xanthippe öffnete dem Pitter nicht, so daß er manche Nacht in der Scheune zubringen mußte. Ein Freund, dem er sein Leid klagte, tröstete ihn dieserhalb und wußte auch einen guten Rat: »Wenn de g'nug g'trunke hoscht, dann muscht halt schtinkige Limburger esse, dann merkt sie nix unn läßt dich rei'.« Beim nächsten Mal befolgte also der Pitter den guten Rat; und als er so gegen elf nach Hause kam, war die Tür natürlich wie immer verschlossen. Pitter klopfte und rüttelte so lange, bis sein Xanthippchen im Hause Licht machte und von innen an die Haustür trat. Da beschwor er sie mit süßen Worten, nichts, gar nichts getrunken zu haben diesmal, keinen einzigen Schluck. Xanthippe schmolz fast bei diesen Worten hin, bewahrte sich aber einen Rest gesunden Mißtrauens und rief dem Pitter zu: »Mach dei Maul auf! Bloos durch's Schlüsselloch!« Nun, das ließ sich der Pitter, auf den von ihm reichlich befolgten Rat seines Freundes vertrauend, nicht zweimal sagen: Er blies also kräftig seinen Limburger-Käse-Atem durchs Schlüsselloch. Da aber keifte die Xanthippe los: »Du Betrüger du . . . Dei G'sicht will ich sehe . . .«

Was tropft dort von der Höh'?

Auf der Bahnfahrt von Mainz nach Bingen tropfte es auf einmal aus einem im Gepäcknetz abgelegten Rucksack direkt auf die Glatze des darunter sitzenden Fahrgastes. Der hob den Finger, fing ein paar Tropfen vom Naß auf, schnupperte daran, kostete vorsichtig und verdrehte schließlich entzückt seine Äuglein: »Oh, 'n alte Gimmeldinger!« — »Nä, nä«, antwortete der Rucksackbesitzer. »Irrdum, falsch gerade: 'n junge Bernhardiner.«

Abstinenzler

Sitzen da drei Weinbrüder in der Wirtschaft »Zum Stolpereck« und saufen halwe Schoppen, so viel nur in die durstige Kehle passen. Zwischendurch können sie sich nicht genug damit tun, den vierten, seit Tagen fehlenden Kumpan in ihrer Stammtischrunde zu bedauern, dem der Arzt wegen seiner Leber das Weintrinken strikte untersagt hat. Aber da meint einer der Freunde schließlich: »Net so schlimm. Ich selwer hann doch aach emol e Jahr keen Tröppel Wein trinke derfe und mich in der Zeit mit Millich g'sund erhalle. Unn 's war mei Schade net.« Doch das wird von den zwei anderen angezweifelt: »Ein ganzes Jahr — unn kei' Wein — unn noor Millich?« »Ei freilich«, trumpfte der zeitweise Abstinenzler da auf. »Bis ich e ganz' Jahr alt wor, hann ich noor Millich se schlicke krieht, Millich, teils warem, teils kalt ...«

Opfermut

»Wasser ist das Beste...«, sagte einmal ein Anti-Alkoholiker zu einem Winzer. Dessen Antwort: »Mer kann doch net immer vom Besten haben, mer muß sich aach opfern können.« Dann setzte er den Weinkrug an den Hals und genehmigte sich einen kräftigen Schluck.

Opfergang

Sohn: »Vadder, ich kann heit nit in die Kirch' gehn!«

Vater: »Warum dann nit?«

Sohn: »Ach, Vadder, es rejent so aarich!«

Vater: »Ei, is das aach e Ausreed? Do kannscht du nit in die Kerch, unn dei aarem alde Vadder muß bei dem Sauwedder zum Friehschoppe!«

Pfälzisches Zwiegespräch zwischen Eheleuten

Sie: »Ach, Gott, wie schwer hat man's auf dieser Erd' und in diesen Zeiten: Kää Budder, kää Eier, kää Geld . . .«

Er: »Awer — Dorscht!«

Sie: »Kää Lieb, kää Feier im Owe, unn 's friert Schtein unn Bein. Ich winschte als, ich wär' tot.«

Er: »Das tät dir so passe. Nix do: hiergebliwwe!«

Sie: »Ach, wär' ich doch im Himmelreich.«

Er: »Ich gunn dir die Ehr'. — Wie froh wär ich, wann ich noor im Wirtshaus wär'.«

Sie: »Ha, so ää Mann, will immer glei' von allem das Beschte hann.«

(nach Johanna Mostert)

'was gebrochen?

Als der Schreinermeister Rumfuß von seinem Dämmerschoppen nicht zur gewohnten Zeit nach Hause kommt, schickt die Meisterin in Sorge um ihren Mann den Lehrling los, nach ihm Ausschau zu halten. In wenigen

Augenblicken ist der Lehrling wieder da und berichtet: »De Määster is geschterzt, er leiht vorm ›Beichtschtuhl‹ midde uff de Gass'.«
»Um Goddes Wille!« kreischt da die Meisterin. »Hat er was gebroche?«
»Ja, Määstern — siwwe Halwe unn en Handkäs!«

Pfälzisches Glaubensbekenntnis

> Was andere glauben, ist mir gleich,
> ich glaub auf alle Fäll'
> an das Herxheimer Himmelreich
> und an den Schwarzen Herrgott von Zell.

Stoßseufzer einer Hunsrücker Gastwirtin

Damit man nicht meint, in der Pfalz seien die Gaststuben immer voll von (vollen) Gästen, sei hier auch der Stoßseufzer einer Hunsrücker Gastwirtin wiedergegeben:

> »Morgens ist es still,
> mittags läßt's nach,
> und abends haben wir nichts zu tun.
> Es geht halt nichts über ein ruhiges Geschäft.«

Damit nach dem vielen Trinken auch das Essen zu seinem Recht kommt (in der Pfalz sagt man »Der Mensch hot en Mage un nit for umesunst« und »Es gitt allerlei Narre uff der Welt, awer kein, wo nix esse«) seien noch ein paar Sprüche und Schnitze vom Essen erzählt.

Die Pälzer Küch

Erscht gibt's e grüne Kernesupp,
mit Marksknepp drinn, en ganze Trupp,
dann kummt's Rindfläsch an die Reih,
Meerrettich isch do aach debei
un Fläschknepp noch mit orndlich Quennel,
des isch so ebbes for de Männel.
Jetzt erscht emol das Maul gewischt,
dann jetzt werd widder uffgetischt,
Hausmacher Brotworscht mit Sauerkraut,
un, daß alles gut verdaut,
dazu e Vertele »Eselshaut«.
E kläni Paus, jetzt kannscht was sage,
dann es werd widder uffgetrage,
Hasepeffer un Ziemer vum Reh,
Hausmacher Nudle un Kalbsfrikassee,
un als echter Pälzergruß
Dampfnudle noch mit Appelmus.
Und wann du jetzt noch ebbes witt,
gibt's Weinsoos noch mit Biskewitt.
Do duht de Jörg mit'm Seufzer mäne:
De Ochs könnt mer sei Mage lehne!

Bellemer Heinrich

's Lewwerwärschtel

's Marieche war beim Metzger;
der schenkt dem liewe Kind
e klänes Lewwerwärschtel,

96

häm tragt se's schtolz un g'schwind.
Se möcht's glei schnawweliere,
die Mudder, die leids nit.
Se segt: »So schbät am Owend
vertragscht Du's Wärschtel nit!
Kumm her, mer wolle's lege
vor's Bettche uf de Schtuhl,
un morge frieh — do holscht Der's,
am zehne, nooch der Schul.«
»O Mamme«, greint 's Mariece,
»Ich eß es liewer jetzt,
nit daß heit Nacht mei Engelce
sich uf mei Wärschtel setzt!«

Lina Sommer

Weck mich, Vadder...

Am Abend der »heiligen Sauschlacht« bittet beim Schlafengehn der kleine Fritz seinen Vater: »Gell, Vadder, du weckscht mich, wann ich nachts Hunger hab'.« Verwundert fragt der Vater zurück: »Awer, Sohn, wann hoscht dann Hunger?« — »Ei, Vadder«, erwidert der Sohn, »wann'd mich weckscht.«

Selbstbekenntnis eines Pfälzers

Wann 's als morgens so ame zehne rom is, do krigg ich der uf ämol Hunger, also en Hunger, ich kann der gar nit sage wie. No, do geht dann mei Julia als niwwer zu dem Metzger newedra un holt mer was, mehrschtendeels so e Schälrippche, verschtehscht? Du, des is gut, des is mer liewer wie Schwaatemage oder sunscht was. Na, un do eß ich dann des. Und wann ich des so esse du, do krigg ich not als Dorscht, un do trink ich

97

e bißle was, e Gläsel Wei, nit viel, en Schluck, manchmal aa noch en halwer Schluck hinne druf. Un wann ich den Wei trinke du, do krigg ich not als widder Appetit, un do eß ich e Kläänigkeit, net viel, en halwer Handkäs un e Stückele Butterbrot, verschtehscht? Un wann ich des so esse du, krigg ich als widder Dorscht, un do trink ich e Schlückele Wei, verschtehscht? Un des geht dann ewe als in ä Loch nei weiter: Hunger, Dorscht, Hunger, Dorscht, so laaft des in änere Dur fort im Kreis rum. Sieggschte, un des is ewe der Kreislauf. Un dann schlägt de Glock zwölf, und ich muß Middagesse . . .

(nach Karl Ludwig Münnich)

Eß Kässchmeer!

Dem Knecht, der den ganzen heißen Sommermorgen hindurch Gras gemäht hat, legt die Bäuerin ein Vierpfundbrot auf den Tisch, stellt eine große Schüssel voll Kässchmeer und ein kleines Schälchen mit Butter dazu und fordert ihn auf: »Pärer, eß Kässchmeer — Kässchmeer kiehlt!«
Aber der Peter greift dennoch zur Butter, schmiert sie sich faustedick aufs Brot und erwidert: »Nä, Fraa, eich esse Butter, unn wenn eich verbrenne!«

Westricher Bekenntnis

Solange es noch Krumbeere gebbt,
machts Esse mer kä Kummer,
solang peif eich uff Kaviar,
Schildkrötesupp un Hummer.

Heinrich Altpeter

Pälzer Bekenntnis

Kannschd im ganze Ländel suche,
zieschd die Nas un dreschd de Hals:
Pälzer Wein un Zwiwwelkuche
gibts bloß in der scheene Palz.
Ken Kaviar, ke Majonäs —
mei Leibspeis is de weiße Käs'!

Rudolf Lehr

*

Ich hab mein teutsch Maul noch so auf die teutschen Speisen verleckert, daß ich nichts anderes leiden noch essen kann. Man kann hier in Paries keine guten Pfannkuchen machen, Milch und Butter sind nicht so gut als bei uns, haben keinen süßen Geschmack, seind wie Wasser. Die Kräuter seind auch nicht so gut wie bei uns in der Palz, die Erd ist nicht fett, sondern zu leicht und sandig; das macht die Kräuter und auch das Gras ohne Stärcke, und das Vieh, das es ißt, kann also keine gute Milch geben, noch die Butter gut werden, noch die Pfannkuchen ... Und vor Krumbeeresupp mit Krachelcher darauf kann man hier nicht in Entzücken geraten.

Liselotte von der Pfalz in einem Brief

Wie man am besten merkt, wann man genug hat

Der Vater sitzt mit seinem Siebenjährigen an einem guten Sonntagmorgen in der Wirtschaft beim Federweißen. Als sie so Stunde um Stunde da hocken, zupft schließlich der Bub den Vater am Rock und fragt: »Du, Babbe, wie is denn das, wann mer vollg'soffe is?«

»Des will ich dir genau sage': Guck dort niwwer, dort hocke doch zwää Männer am Tisch. Jetzt, wenn du meinscht, die zwää Männer am Tisch wären vier, dann bischt vollg'soffe.«

»Babbe«, sagt da der Bub, »dort hockt doch bloß eener.«

Roland Betsch nacherzählt

DE PÄLZER IN SEI'M ALLDAAG

1. De Pälzer un die Menscher (= Weibsleit)

»Ein rheinisches Mädchen beim rheinischen Wein!«
So singt mer dort unne am Rhein.
Bei uns in de Palz, do singe wir:
»So e liewes Mädel bei Wein oder Bier.«
— Des kummt nit so teuer unn macht meh' Pläsier. —

Bellemer Heiner

Wo liegt der Blinddarm?

Das Mädchen ging mit seinem Bursch' spazieren; gegenüber dem Krankenhaus setzten sie sich auf die zwischen den Fliederbüschen versteckt stehende Liebesbank und begannen, miteinander zu kosen. Zwischen zwei Küssen bot auf einmal das Mädchen an: »Willschd du mol 's Plätzel sehe, wo mich de Dokder letschd am Blinddarm operiert hat?« Der Bursch' — man kauft ja schließlich keine Katze im Sack — war natürlich gleich Feuer und Flamme: »Ei, freilich, liebi Liesel, des hätt' mich schun längschd aarich interessiert.« Und schon begann der Bursch', an den Kleidern des Mädchens zu fummeln. Das Mädchen aber schob sanft die Hände des allzu Feurigen von sich, wies hinüber zu dem Krankenhaus und sagte: »Ei, dort drüwwe im zwätte Stock, 's link' Fenschder, dort, wo grad e Schwesder rausguckd, dort an sellere Platz henn ich g'lege mit'm Blinddarm . . .«

Erkenntnis

»Die nackte Wahrheit — des is aach so e dummer, alter Schpruch«, meinte die Tante zu ihrer Busenfreundin. »Ja, ja«, erwiderte da die Freundin, »alleweil' is sie aag'schtriche.«

Die Braut

Der Frischverliebte stellt seinem Freunde die neue Braut vor. Der erschrickt nicht wenig: Die Braut hat rote Haare und Sommersprossen, krumme Roman-Beine (»Denn am Anfang meint man immer, daß die zwei sich niemals kriegen, und am Ende aber kriegen sie sich doch«), einen Kropf, einen leichten Buckel; sie schielt mit beiden Augen und spricht durch die Nase. Natürlich läßt sich der Freund nichts von seinem Schrecken anmerken, nimmt aber doch in einem stillen Augenblick den verliebten Gockel zur Seite und flüstert ihm ins Ohr: »Mei liewer Fritz, do hoscht awer e Bas' . . .«
Da antwortet der Freund:

»Redt' nur laut un loß dich nit störe!
Sie is ah noch daab un duht's nit höre!«

Auf die Augen kommt's an

Zwei Hunsrücker Bauernburschen, die beide einmal im gleichen Dorfe freiten, gingen abends zusammen nach Hause und unterhielten sich dabei über die Vorzüge ihrer Auserwählten. Da sagte der eine zum anderen: »Was find'st dau eijetlich an dem Marieche, Schorsch? Vorne neist unn hinne neist, unn in der Mitt' nit viel. Eich kann dich nit verschtehn, daß dau dem nohlääfst.«
Darauf erwiderte der Schorsch: »Tät'st dau's met meine Aue sihn, dann tät's de aach gefalle.«

Unbegreiflich

»Ich kann ja verschtehe«, sagte kürzlich ein biederer Kurpfälzer zu seinem Nachbarn, »wann äner en Knoche abnage duht vume Kottlett oder vume Schweinerippel; awer daß es heunt Leit gewwe soll, di wo am Tee nage — des will mir net in mei Fernsel 'nei.« — »Am Tee nage?« fragte der Nachbar verwundert zurück. »Des hab' ich aah noch nit g'hört.« — »Awwer sicher«, entgegnete der biedere Kurpfälzer, »des kunnscht doch als jede Tag in de Zeitung lese: Teenager.«

Keine Stimme mehr

»Du kannscht do net mitsinge«, sagte der Dirigent zu einem seit kurzem verheirateten Chormitglied, »dann seitdem du verheiert bischt, hot dei Fraa die Schtimm . . .«

Flötentöne

Früher — vor der Heirat — hat er die Flöt' geblos, unn sie hat gedanzt dazu.
Heut — nach der Heirat — is ihm sei klää Peif flöte gange. Jetzt peift sie ganz ohne Flöt', unn er muß dannoo danze.

Andere Zeiten

»Die Zeite ännere sich«, klagte einmal der Pfälzer Dichter Daniel Kühn einem Freunde, »genau wie die Weiwer. Frieher wor alles ään Herz unn ään Seel', unn alles is no mei'm Kobb gange. Heunt gehn bloß noh Pandoffeln, Wichsbeerscht unn Schtiwwelanzieher noh mei'm Kobb. Das beschd' Mittel gege die Lieb is ew: Heirate! — Des is grad so, als wammer unner em Barablee' (Regenschirm) eraus direkt unner de Dachkannel kummt.«

Ei jo! 's is awer a e Staat,
was unser Palz for Mädche hat!
Die Gretcher, Kattcher, Lies'cher, Bincher,
die Lencher, Bettcher, Evcher, Stincher,
wer do noch kalt bleibt, seller Mann,
der muß kee Herz im Bussem han.
's is wohr! Mit so 'rer Pälzer Fraa,
do is mer glicklich sei Lebda',
weil jedes echte Pälzer Mäd'
de Haushalt tadellos versteht.

Paul Münch

*

Ungerechtigkeit

»Wann heunt' einer was tut«, beklagte sich der Hannewackel kürzlich zu Recht, »do krieht er drei oder vier Monat mit Bewährung. — Awer: Wann e harmloser Mann sich verheierate duht, der is dann geschtrooft seiner Lebdaag: Lebenslänglich krieht der, ohne Bewährung.«

Korb

»Nein, nein, danke, ich danz' nit«, mußte sich in Heidelberg bei einem Tanzvergnügen einmal ein junger Mann sagen lassen, als er die Dorfschöne zu einem Tänzchen in Ehren auffordern wollte. »Denn wenn ich danz', dann schwitz' ich; unn wenn ich schwitz', dann schtink ich; unn wenn ich schtink, des rieche die Herrn nit so gern.«

Feststellung

»Wann dei Fraa emol den Pandoffel ablegt, unner dem du schtehscht, dann kammer immer noch em ganz Infanderieregiment die Schtiwwelsohle draus schneide«, stellte ein Junggeselle zu seinem »fest« verheirateten Freund fest.

Warum 's Bawettche jetzt immer ohne den Dackel ausgeht

»Frieher«, meinte eine Freundin zur anderen, »ging das Bawettche doch immer mi'm Dackel aus — unn heunt ohne. Warum dann des?« — »Ei ja«, erwiderte die andere Freundin, »die braucht ewei kääner mehr, die is doch jetzt verheierat, do mecht dere.ihrn Mann de Dackel.«

Schimp' unn Schand'

»Die do — o jeh — des is äni«, flüsterte die eine Freundin der anderen beim Spaziergang auf der Straße zu und deutete heimlich mit dem Finger auf eine auf dem gegenüberliegenden Trottoir vorbeiflanierende Frau: »Dehr liewe Leit — vier ledige Kinner hot die — vun lauter annere Vaddere — unn jetzt — jetzt hot sie sogar noch ääns vun ihrem eig'ne Mann!«

Zeitrechnung

Hat er sie g'fragt:
»Mei, sag emol, du liewi Zeit,
wie geht dann des nor zu?
Fünf Monat simmer verheiert heit,
un hawe schun den Bu?«

104

Sächt sie zu ihm:
»Bischt dau dann blind,
Franz Isidor, nä, wie?
Des isch e Siwemonatskind,
die kumme all zwee Monat zu frieh.«

Karl-Ludwig Münnich

Mütterliche Warnung

Wenn de d'äm de klään Finger gibscht, will er glei die ganz' Figur!

Der Kinderwagen auf dem Speicher

Die Dienstmagd, die mehr als zehn Jahre lang treu ihrer Herrschaft gedient
hat, hat endlich geheiratet. Ein knappes Jahr nach ihrem Weggang kommt
sie zu ihrem ersten Besuch und bittet dabei die Frau »um den alde Kinner-
waage uf'm Speicher«. Die Frau ist gern bereit, das alte Utensil abzugeben,
aber die Magd vergewissert sich doch noch einmal: »Ihrn Mann werd doch
nix dagege hawwe?« Aber dann gibt sie sich selbst die Antwort: »Ach nä,
so viel, wie ich den kenne duh, do werre Sie den Waage ja doch werklich
nimmeh brauche!«

Nur beim Schlafen

»Ach Gott, Frau Schmitz«, bedauerte eine Nachbarin jüngst die andere.
»Ihr'n Mann, der schnarkst ja ungeheier. Zum Glück hab' ich ään Mann,
wo nit schnarkst. Schnarkst Ihrer dann immer so?« — »Nä, nä«, beruhigte
die Frau Schmitz da. »Bloß, wann er schloft!«

Falsch gedacht

Als der Ehemann spätabends aus der Wirtschaft heimkommt, überfällt ihn seine Frau seltsamer- und ungewohnterweise nicht mit bitteren Vorwürfen, sondern kriecht auf dem Boden des Zimmers herum und sucht schweigend nach irgend etwas. Da fragt er sie: »Was suchscht denn do?« Jammert sie: »Mei schänschtes, neies Dascheduch.« Tröstet er sie: »Such nit weiter, Emma, des isch hie'. Du hoscht doch noch so viel annere. Ich hab schun g'denkt, du suchscht dei Gosch!«

Fatalisten

»Fatalisten gibt's nicht?« trumpfte der Verheiratete gegenüber seinem Freunde auf. »Waart's nore mol ab, mei Liewer; wann du emol erscht wie ich dreißig Johr lang verheiert bischt, do lernscht aa dra glaawe.«

Allwissend

Er und sie, seit vielen Jahren miteinander verheiratet, wollen abends ausgehen. Als die beiden endlich vor der Haustür stehen, stellt er fest, daß er das Geld vergessen hat und will noch einmal zurück in die Wohnung, um das Geld zu holen. Doch da sagt sie: »Komm nore, des brauchscht' nit: In dei'm Geldbeitel hoscht dreiezwanzich Mark unn siwweneachzich Penning; in deinere Briefdasch hoscht en Fuchzichmarkschein schtecke; unn zudem hoscht in deinere Westedasch nebe dei'm Ehering noch zwee Mark unn fuchzeh' Penning widder moll so loss erumfahre. — Des reicht!«

Gefahr!

»Dem Jakob soll sei Fraa durchgange sei mit'm annere, henn ich g'hört. Schtimmt dann des?«

»Ja, des schtimmt!«

»Ja, unn jetzt? Was macht'n der jetzt?«

»No ja, jetzt geht's ja widder soweit mit'm. Awer am Anfang hawe mer Ängscht g'habt um 'en.«

»Ei, wieso dann des?«

»Nu, mir hawe geglaabt, der werd uns noch verrückt — vor lauter Frääd!«

Nach Karl-Ludwig Münnich

Triftig

Die Rosa ist die Sache leid mit ihrem Herrmännche. Sie will sich also schei-
den lassen und geht zum Notar.

Der Notar:	»Ja, was haben Sie denn für einen Scheidungsgrund, liebe Frau? Ohne triftigen Grund keine Scheidung, das wissen Sie doch auch. Wie verhält es sich denn mit dem Geld?«
Rosa:	»Wie soll er'n sich dann verhalte? Das Geld hab' ich un du's aach verwalte.«
Der Notar:	»Und mit dem Trinken?«
Rosa:	»Nä, nä, den halt' ich knapp, zum Saufe fällt do nix mehr ab.«
Der Notar:	»Behandelt er Sie vielleicht schlecht?«
Rosa:	»Des aah noch — nä, Der kämmt mer recht.«
Der Notar:	»Und wie ist's mit der ehelichen Treu?«
Rosa:	»Mer hawe's, do packe mer'n, do hammern jo! Ich sag des Ihne ganz intim: Des letschte Kind is nit vun ihm!«

Nach Karl-Ludwig Münnich

Eheliches Zwiegespräch

Er hat uff der Mähmaschin'
faul un fett geseß'.
Sie dut vore helfe ziehn
un führt die Lott un Bleß.

»Geh doch hott, dau Trampel, hott!«
ruft er voller Raasch.
»Rechts eniwwer met der Lott'!
Hott! Dau dumm' Gabasch!«

»Dunnerkeil, doch nit so weit!
Rindvieh, paß doch uff!
So was gebbt's nit noh un breit,
sinn Ehr denn besuff?«

»Schenn doch nit so met dem Vieh!
's kann jo nix verstehn!
Un es gebbt sich doch all Mieh,
duht doch fleißig gehn.

Sei doch nit so hitzig gleich!«
Do sat er gemach:
»Met dem Trampel meen ich deich,
un m'em Rindvieh aach!«

A. (Aus dem Hunsrück)

Verschiedene Wünsche

»Was duft' doch das Heu uf der Wies heit so fei,
ich wollt, ich könnt aa so e Kuh do sei!«
So schwärmt die Eulalia; ihr'n Mann meint dazu:
»Un ich wollt, du wärst kä so e Kuh!«

Karl-Ludwig Münnich

Das rechte Alter

Die Mädcher vun zwanzich,
die honn so ebbes an sich,
do kimmt mer nit drum rum.
Denn so e Kind vum Pälzerland,
des bringt em halwer um . . .

Unn dann die vun verzich,
so richtig gewärzich,
do kimmt mer nit drum rum.
Denn so e Kind vum Pälzerland,
des bringt em halwer um.

Un dann die vun sechzich,
was a noo nit schlecht is',
do kimmt mer nit drum rum.
Denn so e Kind vum Pälzerland,
des bringt em halwer um.

Hunsrücker Volkslied, um 1900

Zwei Handvoll mundartliche Sprich über die Ehe und die Weibsleit', langsam, laut und mit Nachdenken zu studieren

Gut gefriehstickt, spürt mer de ganze Dag; gut geheiert, sei Lebdag.

Die Eh' is wie e Zwiwwel: sie schmackt bitter, unn die Aaage gehn em iwwer.

Weibsleit, Deiwelszeich! Wammer se nit eso neerich breicht, mer dät sich kään halle!

Die Frauleit sinn an allem Elend schuld; awer dat greescht Elend is, doß mer se eso neerich hot.

Weiwersterwe — klää Verderwe;
Vieh verrecke — dat bringt Schrecke!
Mit e dot Sau kann mer hause, awer net met e dot Fraa!
Wie kann eich reich sinn? Eich honn doch noch mei erscht Fraa!
Sie war e gut Fraa — gut — daß se dot is'!
Die Naacht is mei Fraa geschtorb'. Wann et gerät, honn ich ball en anner!
Moore wird mei Fraa begrab'. Dau kimmscht doch aa, et wird scheen!

Trost

Wer nach der Lektüre der vorstehenden Seiten dieses Buches meint, in der Pfalz gebe es nur unglückliche Ehen, der sei zum Schluß dieses Kapitelchens eines besseren belehrt: Auch und gerade in der Pfalz gibt es natürlich glückliche Ehen.

In Zweibrücken ist zum Beispiel ein solches Paar zu bewundern: vierzig Jahre verheiratet und noch keinen einzigen Streit.

Des Rätsels Lösung? Der Mann is' daab, die Fraa is' schtumm . . .
Na, also . . .

2. Heiteres Familienleben

Erziehungssache

»Du muscht dei Kinner aa besser erziehe!«

»Hasch du e Ahnung, wie ich dra schaff, an dene ehre gude Erziehung. Uns' Gretelche saat doch immer so viel wieschte Werter, unn da han ich korz vor Weihnachten erst zu em gesaat: Gretelche, han ich gesaat, wann de der dei wieschte Werter net abgewehnscht, dann scheißt der's Christkindche was!«

Vater, unser bestes Stück

Babbe, mach die Läde uf,
stell des Kaffeewasser druf.
Babbe, du de Kaffee mahle,
Babbe, du des Geld bezahle,
Babbe, du des Trottwo fege,
du den Kläne trucke lege.
Babbe, du de Mucke wehre,
Babbe, du den Deeg eimehre.
Loß die Milch nit üwerlaafe,
du e neui Gießkannt kaafe.
Babbe, du die Rechnung blesche,
Babbe, du die Windle wesche.
Babbe, mach die Hausdier zu,
Babbe, wesch den kläne Bu.
Babbe, nemm nit so viel Butter,
Babbe, geb der Sau ihr Futter.
Babbe, loß die Hinkle naus,
Babbe, leer den Haffe aus.
Babbe, schab die Geeleriewe,
du de Kinnerwage schiewe.
Babbe, du die Wäsch eiweiche,
du dich nor energisch zeiche.
Heb die Valeria schnell ab,
alloh, mach es bißle Trab.
Babbe vorne, Babbe hinne,
do is nit kä End zu finne.
Babbe, bring vum Keller Kohle,
du aa en Blumestrauß noch hole.

Morge is doch Muttertag.
So geht's weiter, Dunnerschlag.

Ei no, un sie?
Was macht'n die?
Die is froh, daß sie so äner hot
un schennt un schennt'n noch allegebot.

Karl-Ludwig Münnich

Der reiche Onkel

»For wen hoschd du dann das Inserat ›Wie werde ich hundert Jahre alt?‹
aus de Zeitung eraus geschnitt?«
»For mei reiche Unkel.«
»Das finn ich awwer nett, daß du so besorgt bischt um den!«
»Jo, der braucht das nit se lese.«

Rechenkünste

Der Schulmeister rechnet in der Schule mit den I-Pänzchen, den allerklein-
sten ABC-Schützen also. Er läßt sie zählen, mit den Fingern tippen, zeigen,
abtasten, schätzen und wendet alle pädagogischen Kniffe an.
Als sein kleiner Spitz draußen über den Hof trollt, fragt er die Kinder:
»Na, unn wieviel Bään hot mei Spitzche?« Die Kinder lachen über die
leichte Frage: »Vier Bään naderlich.«
Nun will der Schulmeister die Aufgabe ein wenig schwerer machen und
fragt darum: »Un wenn eich dann dem Spitzche ääns von seine Bään aus-
reiße — wieviel Bään hot's dann noch?«
Da meldet sich der Michel: »Dat därfschde net, Schoolmeeschter — dann
verreckt's!«

Die zwei Baukünstler

Im Unnerdorf, dort an dem Eck,
zween Buwe spiele do met Dreck,
met Lehm, met Backstän un met Sand
un baue domit allerhand:
E Scheier, Sauschtall un e Haus.
Uff ämol seet der Kläänscht, der Klaus,
zu seinem Freind: »Wat mänschte, Erich,
mir baue jetzt ämol e Keerich!«

Sie gehn gleich draan un baue munter.
Un do kimmt grad et Dorf herunter,
der gut Herr Parre, wohlbekannt.
Die Bu'we gewe'nem die Hand.
Un er fräht freindlich: »Na, ihr Knaben,
was tut ihr in dem Dreck da graben?«
»Herr Parre«, seht do gleich der Erich,
»mir baue jo e scheene Keerich!«

»So, so«, seet do voll Fräd der Mann,
»Das lob ich, das ist wohlgetan.
Doch braucht ihr, wenn sie fertig is',
einen Pfarrer doch wohl ganz gewiß.«

»Ha, jo«, seet do der Kläänscht, der Klaus,
»wann Dreck noch iwrig bleibt vom Haus«,
duht uff dem Kobb dobei sich scharre,
»dann mache mer aach noch e Paare!«

Nach Josef Serr

Unnötige Aufregung

Das folgende »Stückelchen« hat schon der Hunsrücker Mundartdichter
Peter Joseph Rottman (1799—1881) erzählt:
Der Michel hat auf dem Kirschbaum gesessen und hat ganz oben in der
allerobersten Spitze probiert, ob die Kirschen nicht bald reif sind. Auf
einmal kommt unten sein kleiner Bub, das Hannickelche, angerannt und
schluchzt und schluchzt zum Steinerweichen. Da ruft der Michel oben vom
Baum herunter: »Wat is dann?«, und das Hannickelche kreischt zurück:
»Ach, Vadder, kumm erunner, awer hurtig unn geschwinn: mei Großmutter
leiht in ihrem Bett unn sieht aus wie en Dores — unn ihr Aue, die sinn
zu!«
Was ruft der Vater da vom Baum zurück?
»Schwernothser Krobbsack! Dattste nor verreckst, wat hoste meich eso uff
dem Baum elo verschreckt! Kumm eich enunner, eich brech D'rsch Genick:
Eich honn werklich gemähnt: — Uhs Kuh — die wär dick!«

3. Bei der Arbeit

Was für ein Staat!

Zwei Straßenarbeiter unterhalten sich. Meint der eine: »Na, ich hab's ja jetzt ball gepackt.« Fragt der andere zurück: »Wieso das?« Erwidert der erste: »Ich brauch jetzt norre noch zwölf Tag se schaffe, dann wer ich widder arbeitslos.« Nach einer Pause des Überlegens setzt er hinzu: »Awer — isch des vielleicht en Staat, wo mer erscht e halb's Jahr schaffe muß, bis mer widder schtempele gehe därf?«

Schlagfertig

Mitten im Sommer erschien einmal auf dem Landauer Bürgermeisteramt ein Handwerksbursche und bettelte um ein Almosen. Der Bürgermeister, der den Burschen fragte, woher er stamme und welchen Beruf er ausübe, mußte erfahren, daß der Bettler aus dem Hunsrück kam und als Beruf Schneeschipper angab. Dem Bürgermeister wollte das Schneeschippen als Beruf, vor allem im Sommer, ziemlich unwahrscheinlich vorkommen, und er meinte, das sei doch eine Sache, aus der sich nicht viel machen lasse. Aber der Bursche gab schlagfertig zur Antwort: »Wenn's mitten im Frieden 'nen Kriegsminister gibt, warum soll's im Sommer kein' Schneeschipper gebe?«

Der Kluge

Der Schorsch hatte sich eine neue Krutzmaschine gekauft und stolz das Ding daheim in der Scheuer aufgestellt. Natürlich beschaute er sich den Apparat von allen Seiten, probierte da, probierte dort, drehte vorwärts, drehte rückwärts und hatte sich auf einmal, ehe er sich's versah, den Zeigefinger abgequetscht. In diesem Augenblick aber kam der Schulmeister des

Dorfes vorbei, und als er die Bescherung sah, fragte er: »Wie haben Sie denn das fertiggebracht?« Da wies der Schorsch auf seine funkelnagelneue Krutzmaschine und meinte treuherzig dazu: »Wat en Glück! Wenn eich nu ääner vun dä ganz Dumme wär, dann härr ich mer dä ganze Arem abgequetscht!«

Unbegreiflich, aber verständlich

Sagte dieser Tage ein Hunsrücker Bauer zu seinem Nachbarn: »Eich kann nit begreife, dat uus Schääk kä Kalb micht. Schunn e paar Nächte schlofen eich bei ihr im Schtall, um im Notfall zur Hand zu sein.«
Meinte der Freund: »Jo, Nochber, dat is kää Wunner! Wenn die Kuh deich do leihe sieht, mähnt se jerenfalls, se hätt schunn dat Kalb gemacht!«

Klare Antwort

Fragte das Fräulein aus der Stadt den Westrichbauern: »Was haben Sie denn in diesen Acker gesät?«
Antwortete der Bauer: »Do hann mer letschthin Krumbeere gesetzt.«
Fragte das Fräulein weiter: »Aber — warum fahren Sie denn nun mit der Walze im Acker herum?«
Gab der Bauer eine klare Antwort: »Ei, mei lieb Kindche, da wolle mer im Herbscht Krumbeereschtampes ehrnde!«

Nicht immer

Der neue Knecht ist bei seinem Dienstherrn gerade kurz vor Mittag eingetroffen und wird natürlich zu Mitessen und tüchtigem Zugreifen aufgefordert. Das läßt sich der Neue nicht zweimal sagen. Er nimmt in der Runde Platz und haut in das Essen ein, daß ihm vor Anstrengung bald der Schweiß aus allen Poren bricht. Als ihn deshalb die Bäuerin fragt: »Schwitzt Dau

116

eijentlich immer so?«, erwiderte er, etwas beleidigt ob dieser Frage: »Nä, Fraa: bloß beim Esse!«

Referenzen

Der Reisende besucht den kleinen, neueröffneten Krämerladen in einem Dorf am Glan und erhält natürlich reichlich Bestellungen:
»Brauchen Sie Zucker?«
»Jo, zwää'n Säck!«
»Und Mandeln?«
»Jo, än Kischt'!«
»Wie ist's denn mit Mehl?«
»Zwää'n Säck'!«
»Und Reis?«
»Aach än Kischt'!«
»Und Gries?«
»Än Kischt!«
»Und Puddingpulver?«
»Jo, aach än groß' Kischt'!«
»Ja, liebe Frau«, verwundert sich da der Reisende. »Können Sie denn das alles bezahlen? Wie steht's denn bei Ihnen mit den Referenzen?«
»Aach än Kischt'!«

Auf Arbeitssuche

Der Hannewackel von Lautere vertraut seinem Freunde an, daß er wieder mal auf Stellungssuche sei, aber einen guten Posten in Aussicht habe.
»Ei, was dann, Hannewackel?«
»E Schtell im Zirkus!«
»Als was dann?«
»Ei, als Zwerg!«

»Als Zwerg? Ach, ich glaab, du hasch nimmi alle Tasse im Schrank! Dodefor bischt doch viel zu groß!«
»Des isch doch die Sensation«, sagt der Hannewackel. »Ich — als der gröscht' Zwerg der Welt im Zirkus!«

4. Beim Dokder

Tiefblick

Ein Bauernmädchen aus dem Westrich, das an einer Erkältung litt, suchte endlich Hilfe beim Doktor. Der ließ sich von dem Mädchen die Zunge weisen, guckte ihm dann tief in den Hals und meinte schließlich: »Hm — natürlich wieder kää Unnerhosse aa!« Da schämte sich das Mädchen natürlich und war höchst verwundert über des Doktors Tiefblick: »Ach Gott nä, Herr Dokder — wie hawwe Sie denn des jetzt g'sehe?«

Das bescht' Mittel

Auch der Lui ist krank und geht zum Doktor. Der Doktor untersucht ihn gründlich und meint dann: »Ja, lieber Mann, mit Ihre' kalte Füß' — da gibt's eigentlich nur einen Rat, das beste Mittel, das ich auch immer anwende: Ich wärm' mich immer an meiner Frau.« Da dankt der Lui und fragt gleich: »Mei Aldi werd' zwar brumme — aawer wanns hilft: Wann hätt dann die Fraa Dokdern Zeit? Könnt ich schunt heunt Owend kumme?«

Schwitzkur

Obwohl der Arzt dem Kranken bereits zweimal schweißtreibende Mittel verschrieben hat, ist doch noch keine Besserung zu verzeichnen; denn der Kranke kann und kann nicht schwitzen. »Na, dann muß ich halt 'was Stärkeres verschreiben«, meint der Arzt.

Das neue Mittel scheint tatsächlich zu helfen; denn als der Doktor am Nachmittag wiederkommt, liegt der Patient schweißtriefend und schnaufend in seinem Bett. »Nun, diesmal scheint mein Mittel aber richtig gewirkt zu haben«, freut sich der Doktor.

»Ihr Mittel?« keucht da der Kranke. »Ihr Mittel, des hab ich ja noch gar net g'numme! Da, gucke Se her: Grad ewe hot mer de Briefträger de Wisch do g'bracht«, und er hält dem Doktor den Steuerbescheid des Finanzamtes unter die Nase.

Klagelied

Beklagte sich kürzlich der Wilhelm bei seinem Freund Peter über den Doktor: »Nää, mit mei'm letschte Dokder bin ich nimmi zufriede. Ich han doch im Winter so aarich de Huschte gehat, unn do verschreibt mer de Kerl Rizinusöl. Ich henn'n gefroot: Soll des gege Huschte helfe? Do saat der doch glatt zu mer: Wann Se des Fläschche leer getrunk han, do han se acht Dag nimmi 's Herz zu huschte.«

Notschlachtung

Der Tierdoktor Kaiser aus Woppenroth und der praktische Arzt Dr. Kaiser aus Kirchberg, zwei gute Freunde, konnten sich nie einig darüber werden, wer es denn von beiden am schwersten in seinem Beruf habe.

Legte sich also eines Tages der Viehdoktor ins Bett, spielte krank und ließ den Dr. Kaiser ans Krankenlager rufen. Der kam auch gleich, klopfte den Patienten oben und unten gründlich ab, behorchte ihn vorne und hinten, fühlte den Puls, maß das nicht vorhandene Fieber, versuchte den Kranken auch nach den Symptomen der Krankheit auszufragen, erhielt aber auf alle Fragen zum Schluß nur eine einzige Antwort, ein klägliches, langgezogenes, dumpfes »Muh«!

Da nahm der Dr. Kaiser sein Rezeptbuch, schrieb etwas darauf, reichte das Blatt der Frau des Viehdoktors und sagte: »Dreimal täglich en halbe Eimer! Und wenn's bis übermorgen nicht besser ist, müssen wir ihn notschlachten!«

Immer diese Fremdwörter

»Äämoll« berichtete der Hannewackel seinem Freunde, »hat de Dokder meiner Fraa gege Verschtoppung Zäppcher verschribb. Ich han des Zeich selbscht in de Abbedek geholt. Wie ich häämkumm, froot mei Fraa mich, wie se des Zeich nemme soll. Ich saa, des wäß ich doch nit. Bin ich vielleicht e Dokder? Was bleiwt mer anneres übrich, als noch emol in die Abbedek zu laafe, fer se frooge, wie die Zäppcher genumme wern. De Abbedeker saat so ebbes wie »Suppedorium«. Ich saa also zu meiner Fraa' Bawett, des sollschte sicher in die Supp mache, des is e Suppedorium! Sie hat mer's awer net geglaabt un hat mich noch emol zum Abbedeker gehetzt. Wie ich jetzt des dritte Mol zu em kumm, is er schun e bißche ungeduldich, wie er zu mer saat: ›Zäpfche in den After.‹ Ich geh also hääm un saa: ›Bawett, in den After!‹ Ja, was is des jetzt widder, der After, schreit mei Bawett. Mer kann jo schließlich net denne Dokdere ehr medizinische Fachausdrick ausewendig kenne. Was saa ich der, Kumpel? Ich latsch es vierte Mol in die Abbedek. Jesses, froo net, wie de Abbedeker hinner seine Brillegläser erausgefunkelt hat. Ich han en heflich un anstännich gefroot: Entschuldige Se, Herr Abbedeker, was is des: der After. Heflich un anstännich han ich gefroot, derfscht mer'sch glaawe. Un was määnschte, was der zu mir gesaat hat? Ich kann der des vor denne Leit elo gar net laut saa'e!«
»Ich kammer denke, was er zu Der gesaat hat.«
»Wieso, du bischt doch kää Hellseher?«
»Das Wort hat vorne en A . . .«
»Schtimmt!«

»Un hinne heert's uff mit Loch!«

»Werklich! Awer saa mol, wie kannscht dann Du des wisse?«

»Ei, weil des wiesdte Wort bloß die Iwwersetzung for After is!«

»Ach Gott, werklich? Un zu meiner Fraa han ich gesaat, sie soll die Zäppcher halt mit Ere Taß Kaffee erunnerschlicke!«

Das allerbeste

Der Doktor hatte es wirklich schwer mit seiner schwerhörigen Patientin; sie konnte und wollte nichts verstehen. Schließlich riß dem Doktor die Geduld: »Ach was, leck mich doch am Arsch!« — »Ja, ja, Herr Doktor« nickte die Taube da, »sell isch immer noch's bescht un billigscht'!«

5. Sei untertan der Obrigkeit

Wie man Gemeinderat wird

Von der Obrigkeit halten die notorischen Pfälzer Demokraten nicht sehr viel, wie das folgende Sprüchlein verdeutlicht:

Wer mit viel Fleiß und wenig Gewissen
— wohl auch bei mancher frommen Tat —
Gott und die ganze Welt beschissen,
der wird zuletzt Gemeinderat.

Städtischer Friedhof

Der Meisenheimer Fremdenführer zeigt den neu eingetroffenen Sommergästen auf einem Stadtrundgang die Sehenswürdigkeiten der kleinen Residenz. Vor dem Rathaus auf dem Marktplatz bleibt er stehen und erklärt: »Und hier, meine Damen, hier stehen Sie vor dem städtischen Friedhof: hier ruhen die sechs städtischen Beamten.«

Bei der Diplomatenjagd

Bei der letzten Diplomatenjagd im Hunsrücker Revier des Jägers aus Kurpfalz — bei der auch Diplomaten Böcke schießen dürfen; letztjähriges Jagdergebnis: drei Hasen, zwei Füchse, vier Wildsäue und zwei durch Schrotschüsse im Hinterteil leicht verletzte Treiber — hatte eine der Exzellenzen nach einem kurzen »Indiebüschetreten« versehentlich vergessen, seine Hose vorn wieder zu schließen. Was war zu tun? Der alte Forstmeister wußte Rat; vor Beginn des letzten Treibens versammelte er alle Treiber, Förster und Jagdgäste in einem Halbkreis um sich und ordnete an: »So, eh' mer jetzt a'fange, mache mer mol all unser Hosseschlitz zu.«

Aktenvermerk

Ein Aktenband aus dem Jahre 1893 enthält einen Erlaß, der die nachgeordneten Behörden darauf hinweist, daß in Bescheiden an dritte Personen die Worte »Sie Sich« künftig beide groß zu schreiben seien, es also heißen müsse: »Du Dich«, »er sich«, »wir uns«, »Sie Sich« oder »Ihr Euch«, »sie sich«.
Ein Randvermerk mit Rotstift lautet schlicht: »Du — mich«.

Letzte Drohung

Der Gemeindediener geht während der Aktion »Unser Dorf soll schöner werden« durch die Gemeinde und droht den die Reinlichkeit nicht sehr hoch schätzenden Bürgern an: »Wenn bis Samstagnachmittag die Misthaufen nicht an den Dorfstraßen entfernt sind, wird sich der Gemeinderat selbst hineinlegen!«

Von vornherein dagegen

Mitten aus einer wichtigen Gemeinderatssitzung wird der Bürgermeister von seiner Frau heimgerufen, weil die beste Kuh im Stalle zum Kalben kommt. Das Kalben zieht sich aber in die Länge; und der Bürgermeister eilt zwischendurch noch einmal schnell zum Gemeindehaus zurück, öffnet die Tür einen Spaltbreit, steckt seinen Kopf in den verräucherten Sitzungssaal und ruft den immer noch tagenden Ratsmitgliedern vorsorglich zu: »Eich sinn vun voorerein dagege.«
Als einer der Räte ihn aufmerksam macht: »Aber, Schöffe, mer setze doch grad Dein Gehalt fest«, winkt der Bürgermeister ab und meint: »Ach, Dehr Leit, seid doch net eso kläänlich!«

Klage eines Bürgermeisters

Da schlah doch alle Wärer drin:
De Deiwel mah net Scheffe sinn!
Do schreit en Fraa durcht ganze Doref:
Mei Ferkelsau, die hott verworef,
weil sie de Hirtebub geschlahn:
Do is de Scheffe schuld daran!
Wann änem seine Kuh nit stiert,
dem annre seine Sau nit biert,
do heert mer dä Hannickel sahn:
Do is de Scheffe schuld daran!
Doch is sei Trost: De liewe Gott
hott mit dä Baure aach sei Not!

Johann Peter Bohn, 1796—1861

Personalunion

1946. Ein Bauer vom Hunsrück kommt in ein Textilgeschäft in Bad Kreuznach. Zwischen ihm und der Verkäuferin entspinnt sich folgendes Gespräch:
»Sie wünschen?«
»Zwei Paar Strümp'.«
»Haben Sie Bezugsscheine?«
»Honn eich.«
»Noch was?«
»En Wolldeck'.«
»Haben Sie einen Bezugsschein?«
»Honn eich.«
»Noch was?«
»Zwei Unnerbuxe.«
»Haben Sie auch dafür Bezugsscheine?«
»Honn eich.«
»Noch was?«
»En Himd.«
»Auch dafür haben Sie einen Bezugsschein?«
»Honn eich.«
»Da müßt ihr aber einen großzügigen Bürgermeister haben.«
»Sinn eich!«

6. Und wie hält's der Pälzer mit dem Glauben?

Fromme Leit — die Pälzer

Daß die Pälzer fromme Leute sind, verraten — angeblich — schon die Weinbergs- und Lagenamen des Landes.
Da gibt es in reicher Zahl: Liebfrauenberg und Liebfrauenmilch, Pfaffen-

124

berg und Pfaffenwingert, Jesuitenberg und Jesuitengarten, Himmelreich und Höllenpfad, Heiligenplatz und Höllenberg, Herrgottsacker und Engelwinkel, Herxheimer Himmelreich und Kirchenstück (= das alleredelste Fleckel Erde der Pfalz), Pfaffengrund und Höllwinkel, Frühmesse und Paradies, Ölberg und Bethelhaus, Ölacker und Klostergarten, Hölle und Teufelseck, Rosenkranz und Nonnenbusch, Maria Magdalena und Salomonrech, Palmberg und Myrrhe, Herrgottsborn und Herrenkreuz, Bischofsweg und Seeligmacher, Nil, Ägypten, Heiligland und schließlich: Schwarzer Herrgott von Zell.

Atheisten

»Atheisten«, versucht der Johann den Schorsch aufzuklären, »des sinn Leit', die wo rein gar nix glaawe. Die sage, es gibt überhaupt kää höheri Macht, gar nix, wo üwer uns is'.«
»Ah«, versteht der Schorsch, »des sinn also Junggeselle.«
»Wieso dann des?« kann der Johann nur verwundert zurückfragen.
»Ei«, klärt der Schorsch den begriffsstutzigen Freund auf, »des is doch klohr: Wann ääner verheiert is, do weeß er doch aus äägener Erfahrung, daß es e höheri Macht gibt, die wo üwer'm is.«

Warum es mehr Protestanten als Katholiken in der Pfalz gibt

»Die Katholiken«, sagte zur Reformationszeit ein Pfälzer Rheingraf, »zeigen uns bloß den Wein, die Protestanten aber geben ihn uns zu trinken, die Wahl fällt also nicht schwer«, ging hin und ließ sich und sein Volk taufen. Ihm nach machten es viele andere Herren der pfälzischen Zaunkönigreiche; die Folge davon: siehe obige Überschrift.

*

»Mer Pälzer sinn seit Ewigkeet
die beschte Chrischde weit un breet,
un nor ganz in der alte Zeite,
do ware mer noch wilde Heide«,

schreibt Paul Münch in seinem Kapitel »Wie's Chrischtedum in de Palz
ingefehrt worr'n is« seiner heiteren »Pälzisch Weltgeschicht« und verweist
auf die ersten Missionare des Landes: den Bonifatius in Mainz, den Disibod
an der Nahe, den Remigius im Gebiet um Kusel, den Perminius in Pirmasens. Den letzteren bedauert er noch heute:

»Der hat e sauer Amt gehat
in dere beese Schlappestadt.
A' heit noch sinn die Bermesenzer
die allergreeschte Kercheschwenzer,
un 's kann kee Deiwel unnerscheide:
Sinn's Chrischde oder sinn's noch Heide?«

*

E gut Kuh

Die mächtige Stumm-Barockorgel brauste mit machtvollen Tönen durch die
mit andachtsvollen Kirchgängern gefüllte Hochwaldkirche von Thalfang;
plötzlich setzte, durch das Reißen des in jahrelangem Gebrauch defekt ge-
wordenen Zugriemens, mit einem verströmenden Windton das Orgelspiel
und zugleich natürlich der Gemeindegesang aus.
Mitten in die entstehende Stille, in der alle Besucher hinauf zur Orgel und
zu dem mit Gepolter von seinem Stuhl gekippten Blasebalgzieher blickten,
ertönte von der Empore her, wo auch zwei Viehhändler Platz genommen
hatten, laut und vernehmlich die Worte: »E gut Kuh, unn hott erscht zwee-
mol gekalwt!«

126

Missionsfest

Bei einem Missionsfest hatte der Missionar eindringlich über die Not der armen, nackten Heidenkinder gepredigt und bei der Kollekte um reichliche Spenden dafür gebeten, den kleinen Mohren Kleider und Schuhe zu kaufen. Auf dem Nachhauseweg vergewisserte sich das Fritzchen noch einmal bei seinem Vater: »Saa', Vadder, is et wohr, datt die Negerkinner werklich kää Jacke unn Buxe anhonn'?«

»Jo, mei Suhnche, datt stimmt«, antwortete der Vater. Daraufhin aber verwunderte sich der Sohn: »Ei, Vadder, wat sulle se dann mit dem Buxeknobb mache, den de bei der Kollekt in de Klingelbeidel geworf' hoscht?«

Nach und nach

Große Aufregung herrschte im ganzen Dorf. Dem Herrn Pfarrer war von der Leine weg eine neue Hose gestohlen worden.

Einige Wochen nach diesem Vorfall fragte deshalb der Kirchendiener nach dem Gottesdienst den Pfarrer: »Na, Herr Parre, habe Se Ihre Buxe wiederkrieht?«

Darauf antwortete der Pfarrer: »Noch nicht ganz. Aber drei Knöpfe davon hat man mir schon in den Opferstock getan.«

Entweder — oder

Beim Bau der Mainzer Christuskirche 1901 fragte der Kirchenrat nach der Baustellenbesichtigung den Polier: »Meinen Sie, daß das neue Gotteshaus groß genug ist für die künftige Gemeinde?«

Darauf antwortete der Polier treffend: »Wenn se all enoi gehe, gehe se net all enoi. Wann se awer net all enoi gehe, dann gehe se al' enoi!«

Nicht daheim

Der Müller und seine Frau waren in der Kirche; der Pfarrer hatte über das Gewissen gepredigt: »Ein gutes Gewissen ist ein sanftes Ruhekissen; ein schlechtes Gewissen aber nimmt dem Menschen die nächtliche und auch die ewige Ruh!«
Bedrückt ging das Müllerpaar nach Hause. Schließlich unterbrach der Mann das lastende Schweigen: »Du, Anna, was is das eigentlich: e Gewisse?«
»O je, Karl, sei schtill!« sagte da die Frau. »Sei froh, daß mer so e Ding net im Hause hann'.«

Ja, wer?

Der Pfarrer hatte seine Predigt beendet, schloß sie mit dem Zitat: »Kommet alle zu mir, die ihr mühselig und beladen seid, ich will euch erquicken« und nickte hinauf zur Orgel, wo der Schulmeister des Dorfes saß und auf seinen Einsatz wartete.
Der aber hatte vom Frühschoppen her noch einen ganz dicken Kopf, glaubte sich wohl noch am Klavier in der Kneipe sitzen, griff also mächtig in die Tasten und intonierte: »Wer soll das bezahlen, wer hat so viel Geld . . . ?«

Noch

Weil es lange nicht geregnet hatte und Regen bitter nötig für das ausgedörrte Land war, besuchten die Bauern eifrig den Gottesdienst und sangen auch überaus kräftig das Eingangslied mit: »Herr, gib einen milden Regen . . .« Freilich: bei der überlangen Predigt schlief dann doch der Jakob ein. Von seinen Nachbarn nach einiger Zeit angestoßen, weil er laut zu schnarchen begann, erwachte der Jakob unversehens von seinem Nicker-

chen, hatte die Umgebung natürlich ganz vergessen und erkundigte sich schlaftrunken bei seinem Banknachbarn: »Philipp, räänt's?«
»Nää«, erwiderte der Philipp, »'s predigt noch!«

Nichts Gutes in Sicht

Einen armen, alten Mann fragte eines Tages der Pfarrer: »Na, Michel, wie gehts dann?«
»Schlecht«, erwiderte der Alte, der mit seinem Los auf Erden nicht recht zufrieden war und auch von der Ewigkeit nicht viel besseres erwartete: »Eich muß iwwerall de Kehrwisch sinn for alle Dreck.«
Da wollte ihn der Pfarrer trösten: »Gedulde Dich nur, Michel, im Himmel wird Dir alles vergeben.«
Aber Michel ließ sich nicht trösten: »Nää, Herr Parre, eich glawe nit meh dran. Eich wääß schun jetzt, wie's dann kummt: Do werd's dann aach de ganze Dag gehn: Michel, mach die Sunn an! Michel, häng de Mond eraus! Michel, butz' die Stere! Michel, dau mußt dunnere! Michel, sieb de Hagel dorich! Michel, komm, helf blitze! Michel, schubb', die Wolke fort!«

Wo kamen die drei Weisen wohl her?

Drei Löffelschieder Geschirrschnitzer waren wieder einmal auf Wanderschaft, um ihre Ware in der Stadt abzusetzen, und kamen dort am Sonntagmorgen ein wenig verspätet zum Gottesdienst in die Kirche. Der Pfarrer war schon bei der Predigt und zwar — es war der Sonntag nach Neujahr — über die Geschichte von den Weisen aus dem Morgenlande.
Eben als die drei Löffelschieder zur Tür hereintraten, rief er von der Kanzel her über die lauschende Gemeinde hinweg: »Wo kamen die drei nun her?«

Die Löffelschieder blieben verblüfft stehen, glaubten sie doch, der Pfarrer meine sie, weil sie so spät kamen und den Gottesdienst störten.

Einer stieß den anderen in die Seite und flüsterte ihm zu: »Pitter, saa' dau'd!«

Und wie nun der Geistliche, vom Schwung seiner Predigt mitgerissen, seine Frage noch einmal stellte: »Wo mögen nur die drei hergekommen sein?«, da stotterte der eine von den dreien: »Merr kaame vun Läffelschidd unn hannele mit Holz-Geschirr!«

Danke schön, Herr Pfarrer

Die Theres' und der Theodor, seit vielen Jahren miteinander verlobt, hatten sich endlich — nach vielen Zweifeln, ob sie auch wirklich zueinander paßten — dazu entschlossen, in den heiligen Stand der Ehe zu treten, suchten also den hocherfreuten Dorfpfarrer auf, um das Aufgebot zu bestellen und den Trauungstermin festzusetzen.

Als das Pärchen wieder gehen wollte, hielt es der Pfarrer noch einmal zurück und sagte:

>»Nehmt mer's nit übel,
>ihr wollt als brave Chrischteleit'
>doch sicher aach e Biebel.«

Da machte die Theres' ein ganz verdutztes Gesicht, bekam einen schrecklich roten Kopf und erwiderte:

>»E Bübel hänn mer schun,
>mer wälle jetzt e Mädel.«

Nach Jakob Frank

130

DE PÄLZER UN SEI' NATIONALHELDEN

»Berühmte Pälzer gebt's e Mass',
dann unser Rass' is erschter Klass'.«
So hat schon Paul Münch in seiner in diesem Buch bereits mehrfach er-
wähnten »Pälzisch Weltgeschicht'« festgestellt.
Und auch, wenn man ihm, der seine Galerie berühmter Pfälzer natürlich mit
Adam und Eva beginnen läßt, es dann freilich strikte ablehnt, den
»wiescht« Heidelberger Urmensch als Pfälzer zu akzeptieren, nicht zu-
stimmt, bleiben doch noch allerlei Berühmtheiten übrig, z. B. Noah; denn:
»Der Noah, ich bin gut defor,
wor da in unser Palz gebor,
weil er so schlau wor unn gescheit,
grad wie die Pälzer Leit noch heit.«
Zu Pfälzern rechnet Paul Münch auch die Cimbern und Teutonen, Hermann den Römerbezwinger, Siegfried den Dracheteeter, den Kaiser Bar-
barossa im Keller des Trifels, den Kurfürsten Ruprecht von der Pfalz, 's
Liselottche und . . . und . . .
Nein, im Ernst: Die Liste berühmter (und berüchtigter) Pfälzer ist ellen-
lang, ist kunterbunt und merkwürdig gemischt; sie spiegelt so recht den
merkwürdigen Charakter dieses Volksstammes wieder.
Da findet man den geschwätzigen Burgunderkönig Gunther aus Worms,
den finstern Hagen von Tronje aus dem Hunsrücker Hochwald, den lachen-
den Spielmann Volker von Alzey ebenso wie den Kurfürsten Ruprecht, den
mysteriösen Jäger aus Kurpfalz, die Pfalzgräfin Liselotte mit dem derben
Maulwerk, das Schneiderche von Mackebach, den Hirten Hans Warsch von
Oggersheim, den Deutschen Michel Hanns Michael Elias von Obentraut von
der Fustenburg, den Metzger Michel Mort von Kreuznach, den Johann Gens-
fleisch genannt Gutenberg aus Mainz, den Franz von Sickingen mit seiner
Besatzung von der Ebernburg, den Saufbruder Boos von Waldeck, den in

Kreuznach ein Gastspiel gebenden Doktor Faustus, den auf dem Trifels gefangengesetzten Richard Löwenherz, den versoffenen Magister Christian Laukhard, Robinson Crusoe und den grauslichen Räuberhauptmann Schinderhannes aus dem Soonwald ...
Die Liste ist freilich unvollständig. Von einigen dieser Pfälzer Nationalhelden seien zum Schluß noch ein paar Geschichten erzählt.

Magister Christian Laukhard (1758—1822)

Als der versoffene Magister Christian Laukhard nach einem wilden Lebenswandel ein wenig zur Ruhe kam und Pfarrer zu Veitsrodt an der Nahe wurde, bei »unflätigen Leuten, einem ungezogenen Volk vor Christo« (wie er später abfällig über seine Gemeinde schrieb), da hat er auch dort nicht sehr viel Ehre als Seelsorger und Hirte der Gläubigen eingelegt.
Viele Geschichten aus jener Zeit werden noch heute an der Nahe erzählt: Einst hatte er so die Nacht vor einem Sonntag in Kirn wacker durchgezecht, fuhr am frühen Morgen mit seinen benebelten Zechgenossen nach Veitsrodt zum Gottesdienst, ließ sie in der vordersten Bankreihe Platz nehmen und begann seine Predigt mit den folgenden Worten:
»Ich bin voll! Aber nicht voll des süßen Weines wie diese da (dabei auf die Kirner Herren deutend), sondern voll des heiligen Geistes ...«
Hier in Veitsrodt war es übrigens üblich, daß die Kirchenältesten dem Pfarrer vor Sonntag auf einem Zettel den von ihnen gewünschten Predigttext mitteilten. Sehr bald hatten sie heraus, daß ihr Pfarrer Laukhard diesen Zettel erst auf der Kanzel anschaute. Darum beschlossen sie, ihn hereinzulegen und ihm einen leeren, unbeschriebenen Zettel ins Pfarrhaus zu bringen. Am nächsten Sonntag bestieg also Laukhard die Kanzel, entfaltete erst dort wie gewohnt den Zettel, betrachtete ihn verblüfft von vorne und hinten, fand ihn allseitig leer, legte ihn auf die Kanzelbrüstung und begann danach die Predigt: »Aus nichts hat Gott die Welt erschaffen ...«

132

Gern auch weilte, wen wundert's, Laukhard in fröhlichem Kreise und besuchte mit Vergnügen die Tanzmusik seiner Pfarrkinder. Sobald im Tanzsaal die Musik ertönte, zog er seinen schwarzen Predigerrock aus, hängte ihn an einen Haken und sagte: »Parre, do henk! Der Laukhard geht ewei danze!« Dann griff er sich eine der Dorfschönen und schwenkte sie im Kreise herum, daß Röcke und Unterröcke nur so flogen.

Auch das Kartenspiel verschmähte er nicht. Einst wettete er dabei mit seinen Kartenbrüdern, er werde seine nächste Predigt genau wie ein Kartenspiel beginnen. Am nächsten Sonntag hörten die erstaunten Kirchgänger ihren Pfarrer auf der Kanzel also folgendermaßen anfangen: »Liebe Gemeinde! Trumpf! Und Trumpf! Und noch einmal Trumpf! So rufen die sündigen Kartenspieler am Wirtshaustisch. Ich aber rufe: Triumph! Triumph! Triumph sei Gott dem Herrn . . .«

Liselotte von der Pfalz (1652—1722), Herzogin von Orleans

Wir waren alle vier abends allein hier im Kabinett nach dem Nachtessen, nämlich Monsieur, ich, mein Sohn und meine Tochter. Monsieur, so uns eben nicht vor eine gute Kompanie hielt, mit uns zu reden, ließ nach langem Stillschweigen einen großen lauten Furz, met Verlöff, drehte sich mir zu und sagte: »Was ist das, Madame?« Ich drehte den Hintern zu ihm, ließ einen streichen im selbigen Ton und sagte: »Das, Monsieur!« Mein Sohn sagte: »Wenn sichs nur darum handelt, dazu habe ich eben so viel Lust als Monsieur und Madame« und ließ auch einen braven gehen. Damit fingen wir alle an zu lachen und gingen alle aus dem Kabinett. Das seind so fürstliche Konversationen . . .

Aus einem Brief der Liselotte von Versailles, am 1. Januar 1693

Eine schöne Historie hat mein Sohn erzählt: Ein Kloster war im währenden Krieg geplündert worden; der Marschall de Catinat ging selber hin, das Unheil zu steuern. Er sah auf einmal den Pfaffen vom Kloster daherreiten mit einem großen Mantel, der hatte eine ganz nackende Nonne vor sich zu Pferd. Wie er den Marschall sah, wollte er seinen Mantel zurückwerfen, um den Hut abziehen zu können; wie er den Mantel aufschlug, sah man auch ihn ganz nackend zu Pferd sitzen, und hielt die Nonne so vor sich; hinter ihnen her kam die Äbtissin. Der Marschall fragte sie, ob man ihr Gewalt getan hätte? Da machte sie eine schöne Reverenz und sagte: Ja, mein Herr, dreißig Mal. Hinter ihr kam eine hinkende Nonne, die rief im Hinken, ohne daß man sie fragte: Und ich dreimal, mein Herr, und ich dreimal, und ich bloß dreimal . . .

Aus einem Brief der Liselotte von Port Royal, am 28. Mai 1698

In Flandern hat mein Sohn ein Kirchenfenster gefunden, wo das Opfer gemalt war vom Isaak. Dieser war auf einen Altar gebunden. Abraham hatte eine lange Muskete am Backen, seinen Sohn zu erschießen. Gott der Vater war in den Wolken gemalt; der gab sein Zeichen an ein kleines Engelchen, welches Abraham auf dem Kopf saß. Das Engelchen pißte Abraham auf die Musketenpfanne, daß das Rohr nicht losgehen konnte. So wurde Isaak salviert.

Der Text unter dem Bilde lautet:

>»O Abraham, dein Trachten ist umeinsunst,
>dieweil ein Englein dir aufs Zündloch brunst.«

Aus einem Brief der Liselotte von St. Cloud, am 20. Mai 1700

Pälzer Gebet

Liewer Gott im Himmel drin,
loß uns Pälzer, wie m'r sinn,
unn erhalt uns alle Zeit
unser Pälzer Fröhlichkeit!
Pälzer Schnooke unn Humor,
unsern Wein so hell unn klor,
unser liewe Zuckerschnuckle,
wo so gern am Süßholz suckle,
Kloowe, Peife, Duwaksdose,
Äppel, Nüß unn Aprikose,
Pälzer Lewe, Pälzer Schtrewe,
Krumbeerschtöck unn Pälzer Rewe:
deck' zum Schutz dein Vadderhand
üwwers liewe Pälzer Land.

Hanns Glückstein

Räuberhauptmann Schinderhannes (1783—1803)

Der Händler Backes, der in einem kleinen Dorf am Rande des Soonwaldes, des Reviers vom Schinderhannes, wohnte, kehrte einmal vom Kreuznacher Markt zurück und hatte dabei das Pech, dem Räuberhauptmann in die Hände zu fallen. Des Händlers Geldkatze war an diesem Tage prall gefüllt; denn er hatte Glück gehabt beim Verkauf, und das Glück dieses Tages blieb ihm auch jetzt insofern erhalten, als der Räuber ihm seinen Geldbeutel nur halb leerte und ihn mit der anderen Hälfte weiterziehen ließ. Aber anstatt nun gute Miene zum bösen Spiel zu machen und stillschweigend den Verlust hinzunehmen, machte der Händler seiner Wut in einer Flut von Schimpfworten Luft und schrie endlich: »Hannes, das mußte mer am jingste Dag zerickbezahle met Zins unn Zinseszins, du Lumbekerl!«

Als er sich danach davonmachen wollte, lief ihm der Schinderhannes nach, trat ihm zum Dank für den »Lumbekerl« recht unsanft in das feiste Hinterteil, so daß der Händler der Länge nach in den Dreck fiel, nahm dem Backes in aller Seelenruhe auch noch den Rest des Geldes ab und meinte trocken: »Wenn de mer so lang Zeit gist, Backes, dann kannste mer das bißche aach noch lehne.«

Ich will sie dennoch nit täffen

Als auch die List, jeden Morgen das letzte Schwein aus dem Burgstall quiekend über den Hof zu treiben, nicht mehr half, den Belagerern der Ebernburg volle Scheunen, Ställe und Speicher und einen guten, uneinnehmbaren Verteidigungszustand der Feste vorzutäuschen, setzten die Feinde am 1. Juni 1525 den letzten Sturm auf die Herberge der Gerechtigkeit Franz von Sickingens am Zusammenfluß von Nahe und Glan an.

Ein mörderisches Bombardement der Belagerer — des Bischofs von Trier, des Pfalzgrafen und des Landgrafen von Hessen — setzte ein, nachdem der Burghauptmann, Ernst Schenk von Tautenberg, mit spöttischen Worten das allerletzte Übergabeangebot abgelehnt hatte. Die erste eiserne Stückkugel polterte mitten in den Burghof, ohne freilich großen Schaden anzurichten. Da hoben die Landsknechte sie auf und trugen sie auf dem schnellsten Wege zu Magister Kaspar Aquila, dem Burgprediger, mit der ungestüm vorgebrachten Forderung, er solle die Kugel taufen, um damit — nach ihrer abergläubischen Meinung — alle folgenden Kugeln des Feindes unschädlich zu machen.

Aber Aquila lehnte, erst lächelnd, dann entschieden, das merkwürdige Ansinnen der Verteidiger ab; denn die Taufe sei nur für Kinder, nicht aber für Kugeln zu geben, und überhaupt müßten sie es lernen, auf Gott mehr als auf abergläubische Praktiken zu vertrauen.

Die Weigerung half ihm freilich nichts, brachte ihn nur in Lebensgefahr. Denn die Landsknechte, aufs höchste erzürnt, packten den Widerstrebenden, trugen ihn auf Befehl ihres Hauptmanns an die Wehrmauer und steckten ihn, mit dem Kopf nach unten, dort in einen großen messingnen Feuermörser, um ihn als lebendige Kugel die Burg hinab auf die Belagerer zu schießen.

Die brennende Lunte wurde an das Zündkraut gehalten; doch das Kraut brannte nur zischend ab, entzündete jedoch das Pulver im Mörser nicht.

Auch ein zweiter und dritter Versuch, den Schuß zu lösen, scheiterte.

Da ergriff den Hauptmann der Landsknechte samt seinen Kumpanen abergläubische Furcht, sahen sie doch darin einen Fingerzeig Gottes. Sie zogen
also den mit den Füßen aus der Mörseröffnung zappelnden, Todesangst
ausstehenden Aquila wieder aus dem Geschütz und stellten ihn auf die
Erde.

Kaum fühlte Aquila wieder festen Grund unter den Füßen, erlöst von
furchtbarem Tode, wandte er sich den Landsknechten und ihrem Hauptmann zu und sprach mit noch ein wenig wackliger, aber unbeirrter Stimme:
»Und ich will sie dir dennoch nit täffen!«

URTEILE, MEINUNGEN, HOFFNUNGEN UND WÜNSCHE

Von den Schwierigkeiten und Gefahren, wenn man ein Pfalzbuch schreibt

»Der liebenswürdigste Zug der Pfälzer ist ihr Humor«, hat Wilhelm Heinrich Riehl in seinem vor rund 110 Jahren erschienenen »rheinischen Volksbild« »Die Pfälzer« treffend formuliert.

Zugleich hat er freilich auch jene Schwierigkeiten und besonderen Gefahren erkannt, vorausgesehen und beim Namen genannt, die dem Verfasser eines Pfalzbuches — damals wie heute — entstehen können, denn: Der liebe Gott weiß zwar alles; aber was ein rechter, waschechter Pfälzer ist, der weiß es immer noch ein bißchen besser.

Daran hat sich seit Riehls Zeiten nichts geändert — im Gegenteil. Man könnte den alten Riehl nun seitenlang zitieren, und man käme dabei zu der Erkenntnis, der Volkskundler sei ein wahrer Prophet gewesen und habe auch das Erscheinen des nun hier vorliegenden neuen Pfalzbuches vorausgeahnt.

Denn immer noch gilt: »Der Pfälzer legt jedes Wort auf die Goldwaage«, und auch dies: »Der Geist des Selbstprüfens, Selbsturteilens, Selbstentscheidens, und folglich auch des Widersprechens, wurzelt bei keiner deutschen Volksgruppe tiefer als bei den . . . Pfälzern.«

Immer noch trifft Riehls Einsicht zu: »Das Volk in seinen Spielen, Witzen, Bildern, Anekdoten humoristisch von sich selbst erzählen zu lassen, ist gefährlich. Da greift man bei unseren Pfälzern fast so tief ins Wespennest . . . Denn so humoristisch das Volk selber ist, so wenig liebt es, daß ein Dritter diesen Humor zur Charakteristik benutzt. Satiriker ertragen den Witz am schwersten, Humoristen wollen mit trockener Würde behandelt sein, und die berühmten Komiker der Bühne machen und fordern im bürgerlichen Leben immer das ernsthafteste Gesicht.«

Und auch darin findet W. H. Riehl unsere volle Zustimmung, wenn er fest-
stellt: »Man glaubt, es sei schwer, Fürsten die Wahrheit zu sagen. Noch
viel schwerer ist es, einem Volke die Wahrheit zu sagen, am schwersten:
den Pfälzern.«

»Und dennoch«, so fährt Riehl in seinen Betrachtungen über die Schwierigkeiten, Gefahren und Hoffnungen eines Autors beim Schreiben eines Pfalzbuches fort, »ist es eine lehrreiche Aufgabe, gerade über ein solches Volk
zu schreiben, welches kritisiert, widerspricht, fremdes Urteil argwöhnisch
entgegennimmt . . . Rasch fällt bei dem Pfälzer die Gegenrede (aber auch
rasch und herzlich die Zustimmung, worauf der Autor dieses Büchleins beim
ausgesprochenen Gerechtigkeitssinn der Pfälzer neben ihrer Kritik auch
rechnet).«

Und daß ein Nichtpfälzer von Geburt, ein freilich diesem herrlichen pfälzischen Land und seinen Leuten seit einem Vierteljahrhundert herzlich zuge-
taner und zutiefst verbundener Mensch es wagt, ein Pfalzbuch zu schreiben,
findet auch bei W. H. Riehl seine volle Rechtfertigung, denn: »Sind nun
unsere Oberrheiner schon empfindlich gegen ihren eigenen Humor, wenn er
ihnen in Drucklettern gegenübertritt, so werden sie noch viel weniger dem
Fremden das Recht einer Kritik ihrer inneren Zustände zugestehen. Zum
mindesten behalten sie sich bei jedem Jota die Gegenkritik vor.«

Und: »Wenn man in diesem Lande nicht einmal zugestehen mag, daß in
Neustadt für Dürkheim, in Dürkheim für Edenkoben, in Edenkoben für
Neustadt — ja auf drei Stunden (Fuß-)Entfernung — geschrieben werde«,
so erhebt W. H. Riehl noch einmal warnend den Zeigefinger gegen den
wagemutigen, tollkühnen, fremden Autor, »dann vermißt Du Dich, von
Simmern aus über die ganze Pfalz zu schreiben?«

Riehls Rechtfertigung für solches Unterfangen möchte sich auch der Autor
dieses Buches zu eigen machen:

»Gerade bei einem so wunderbar individualistischen Volke wie dem Pfäl-

zischen, ist ein gewisses Fernestehen des Beobachtenden nöthig, daß er über den tausend widerspruchsvollen Einzelzügen das Gesamtbild nicht verliere. Das wird dem leichter, der in ein Land hinein als der aus dem Lande herausschaut. Der Eingeborene wird reicheres und strengeres Material liefern, der Fremde wird besser schildern ... (Und) wenn der Portraitierte (dann) sein Bild erblickt und verwundert fragt: Sehe ich denn wirklich so aus?, so ist dies keineswegs an sich eine verurtheilende Frage für den Künstler. Andere wissen immer besser als wir selbst, wie wir aussehen, und wie selten glückt es einem Meister, sein eigenes Bild aus dem Spiegel zu malen. So hat auch der Volksmaler, der die Charakterfiguren eines Volkes entwirft, den großen Vorsprung der Objektivität, der geschärften Beobachtung und der sicheren Idealisierung vor dem eingeborenen Landeskinde.«
Zwei Hoffnungen hat der Autor dieses neuen Pfalzbuches zum Schluß: Daß außer Nichtpfälzern vielleicht auch der eine oder andere Pfälzer dies Buch kaufen und lesen möge, so daß es ihm nicht ergeht, wie Karl Räder einst von den Pfalzbüchern ganz allgemein gesagt hat:

»For was dann Pälzer Bücher kaafe?«
So mancher hört geern Pälzer Mundart
unn ruft: »Des war jetzt awer schee!«
unn liest gelehnte Mundart-Bücher,
doch kaafe — kaafe duht er kee!

Und sein zweiter und letzter Wunsch: Daß sich an diesem Buch nicht bewahrheiten möge, was Paul Münch einmal nach der Lektüre eines Buches als Einsicht gewonnen hat:

»Do meene als die dumme Leit:
Wer Biecher schreibt, der wär' gescheit.
Ich han emol e Buch geles',
des war e kolossaler Kee's!«

Simmern, Ostern 1971   Hajo Knebel

140

Zu danken ist sehr herzlich — das sei nicht vergessen — vielen pfälzischen Autoren der Gegenwart, die das Zustandekommen dieses Buches mit Rat und Tat und mit mancherlei nützlichen Vorschlägen, Anregungen und Hinweisen unterstützt haben.

Zu danken ist den Damen und Herren der Koblenzer Landesfachstelle für Büchereiwesen in Rheinland-Pfalz, die die vielfältigen Bestellungswünsche des Autors im Rahmen des auswärtigen Leihverkehrs prompt und mit nie erlahmender Geduld erfüllten und bei der Beschaffung von mehreren hundert Bänden und Bändchen Pfälzischer Literatur behilflich waren.

Zu danken ist für uneigennützige Hilfe besonders auch Frau Anni Becker (Kaiserslautern), Frau Liesel Ott (Zweibrücken), Frau Hanna Schmidt (Simmern), Herrn Herbert Meininger (Neustadt/W.) und Herrn Friedhelm Jakoby (Kaltenholzhausen).

Das dieses Buch abschließende Quellen- und Literaturverzeichnis und der Herkunftsnachweis versuchen zwar, möglichst vollständig und genau den Erstdruck der einzelnen Texte zu belegen; doch wird das nicht in allen Fällen sicher und möglich sein. In der Natur einer solchen Sammlung liegt es, daß die vom Volk erzählten Geschichten im Laufe der Zeit zwar immer wieder andere Erzähler gefunden haben, die sie in Vers oder Prosa der Mit- und Nachwelt überliefert und weitergegeben haben, daß aber in Wirklichkeit selten einmal ein Autor Anspruch auf Eigentumsrechte an diesen Texten geltend machen kann; denn sie gehören letztlich nicht ihm allein, er ist nicht ihr Erfinder, ihr Schöpfer, hat sie auch nur vom Hörensagen, sie gehören dem ganzen Volk. All diese alten Geschichten wollen in jeder Zeit immer aufs neue neu erzählt werden. Dies versucht für unsere Zeit dieses Buch.

Quellen- und Literaturverzeichnis

1 Andres, Stefan: MAIN NAHE ZU RHEIN AHRISCHES SAARPFALZ MOSEL LAHNISCHES WEINPILGERBUCH. Verlag Strüder, Neuwied, 1951.

2 Bischoff, Oskar: DER JÄGER AUS KURPFALZ — PFÄLZER HEIMATKALENDER. Neustadter Druckerei und Verlagsgesellschaft, Neustadt/W., verschiedene Jahrgänge, erschien 1955 im 28. Jgg., bis 1970.

3 Becker, Albert: PFÄLZER VOLKSKUNDE. Kurt Schroeder-Verlag, Bonn, 1925.

4 Becker, Anni (Die Pfälzer Krott): DIE ALTEN LIEBEN LIEDER. Da camera Song, Heidelberg, 1970.

5 Becker, August: DIE PFALZ UND DIE PFÄLZER. München, 1858 (1913).

6 Christoffel, Karl: WEINLESEBUCH. Prestel-Verlag, München, 1964.

7 Diener, Walther: HUNSRÜCKER VOLKSKUNDE. Kurt Schroeder-Verlag, Bonn, 1925.

8 Ebel-Meininger: 1000 WORTE PÄLZISCH. Druck und Verlag: D. Meininger, Neustadt/W., 1965. (Enthält im Anhang eine sehr verdienstvolle, von der Pfälzischen Landesbibliothek Speyer zusammengestellte Liste pfälzischer Dialektliteratur zwischen 1839 und 1964 mit rund 160 Titeln.)

9 EINE AUSWAHL DER MUNDARTDICHTER — GESCHICHTENERZÄHLER — KALENDERMÄNNER DER PFALZ: siehe rückwärtige Umschlagseite dieses Bandes.

10 Gebürsch, Franziska: MAINZER BILDERBOGEN. Verlag Dr. Hanns Krach, Mainz, 1959.

11 Gotthold, August: DER FIDELE PFÄLZER. Bd. I und folgende, August Gottholds Verlagsbuchhandlung, Kaiserslautern, 1886.

12 HEIMATJAHRBUCH KREIS ALZEY. Druck: G. Dokter, Neuwied, ab 1960.

13 HEIMATKALENDER DES LANDKREISES BIRKENFELD. Druck: G. Dokter, Neuwied, ab 1954/55.

14 HEIMATKALENDER STADT- UND LANDKREIS KAISERSLAUTERN. Druck: G. Dokter, Neuwied-Weissenthurm, ab 1959.

15 Heinrich, August: SPÄTLES VUM BELLEMER HEINER. Druck und Verlag: Pfälzer Tageblatt, Landau, 1960.

16 HUNSRÜCKER HEIMATKALENDER. Verlag F. Böhmer, Simmern, 1928 ff., 1950 ff.

17 Jester, Werner: LEBEN, LIEBE, HEIMAT. Heitere und besinnliche Erzählungen aus der Pfalz, Südwestdeutsche Verlagsdruckerei G. Hornberger, Waldfischbach/Pfalz, 1958.

18 Jung, Hermann: DER LACHENDE WEIN. Anekdoten, Schwänke und Schnurren um Rebe und Faß, Carl Lange Verlag, Duisburg, 1951.

19 Jung, Hermann: WENN MAN BEIM WEIN SITZT. Carl Lange Verlag, Duisburg, 1951.

20 Jung, Mathilde: EINE LANDSCHAFT KOCHT. Ein pfälzisches Küchenbrevier, Druck und Verlag: D. Meininger, Neustadt/W., 1938 (1953).

21 Keller, Josef (Bearbeiter): PFALZWEIN ALMANACH. Neustädter Druckerei- und Verlagsgesellschaft, Neustadt/W., 1953 (1954).

22 Knebel, Hajo: HUNSRÜCKER STICKELCHER, in: Heimatjahrbuch Zell, Verlag Michael Schiffer, Rheinberg, 1964.

23 Knebel, Hajo: DER HUNSRÜCKER BAUER UND SEINE HAUSTIERE. Eine kleine Sammlung erlebter, erfahrener, gehörter, gelesener und in neue Form gebrachter Hunsrücker Stickelcher, in: Heimatkalender Bernkastel, Verlag Michael Schiffer, Rheinberg, 1966.

24 Knebel, Hajo: SAMMLUNG HUNSRÜCKER, NAHELÄNDISCHER, PFÄLZER SAGEN, ANEKDOTEN, GESCHICHTEN, VOLKSMUNDÜBERLIEFERUNGEN, SCHNURREN, STICKELCHER. Archiv Simmern, größtenteils ungedruckt.

25 Kölsch, Kurt: PFÄLZER BAUREGAARTE. Hünenburg-Verlag, Stuttgart, 1956.

26 König, Rolf: BACCHUS LACHT. Eine heitere Weinlese, Bechtle-Verlag, München und Esslingen, 1964.

27 Kühn, Daniel: PÄLZER SCHNITZE. K. B. Hofdruckerei und Verlag von Hermann Kayser, Kaiserslautern, 1901.

28 Kühn, Daniel: AUS DR HAMET. Gedichte und Geschichten in Nordpfälzer Mundart, Hermann Kaysers Verlag, Kaiserslautern, 1911.

29 Kühn, Daniel: ALLERHAND KUMÖDIE IN PFÄLZER MUNDART. Hermann Kaysers Verlag, Kaiserslautern, 1912.

30 Liselotte von der Pfalz: BRIEFE DER LISELOTTE. Ein Frauenleben am Hofe des Sonnenkönigs, Wilhelm Goldmann Verlag, München, o. J.

31 Lehr, Rudolf: KURPÄLZER LAND UN LEIT UN LEWE. Verlag: Buchdruckerei Marx, Leimen-Heidelberg, 1960.

32 Lorenz-Lambrecht, Heinz: NEUSTADT AN DER WEINSTRASSE — DAS HEITERE HERZ DER PFALZ. Karl Graf-Verlag, Speyer, 1958.

33 Meininger, D. (Herausgeber): DIE PFALZ AM RHEIN. Pfälzische Verkehrs- und Heimatzeitschrift, Verlag D. Meininger, Neustadt/W., bis 44. Jgg., 1971.

142

34 Metzger, Helmut: TROTZ ALLEM – PFÄLZER HUMOR. Kranz-Verlag, Neustadt/W., 1947.

35 Mühl, H.: LEBENDIGES RHEINLAND-PFALZ. Zeitschrift für Kultur und Geschichte (besonders die Hefte: Pfalz; Rund um den Donnersberg: Rheinhessen; Bad Dürkheim; Hunsrück; Auswanderung; Fastnacht; Die Weinstraße; Weinbau), Verlag: Dr. Hanns Krach, Mainz, ab 1963.

36 Münch, Paul: PFÄLZERS HÖLLEN- UND HIMMELFAHRT. Verlag E. Lincks-Crusius, Kaiserslautern, 1960.

37 Münnich, Karl-Ludwig: GUCK EMOL DO, E NADURGESCHICHTEBUCH IN PÄLZER REIME. Verlag Münnich, Heidelberg, 1950.

38 Münnich, Karl-Ludwig: GEBABBEL UF DER NECKARBANK. Verlag Münnich, Heidelberg, 1956.

39 Münnich, Karl-Ludwig: WEIWER WISSE, WAS SE WOLLE. Verlag Münnich, Heidelberg, 1958.

40 Münnich, Karl-Ludwig: UN DREIMOL HOCH DIE PÄLZER SCHPROOCH. Geschichten und Gedichte in Pfälzer Mundart, Verlag Münnich, Heidelberg, 1959.

41 Münnich, Karl-Ludwig: SPELZEGRIESS UN BATZEGICKEL. Geschichten und Gedichte in Pfälzer Mundart, Verlag Münnich, Heidelberg, 1960.

42 Münch, Paul: DIE PÄLZISCH WELTGESCHICHT. Verlag E. Lincks-Crusius, Kaiserslautern, 84. bis 88. Tsd., 1962.

43 Nadler, Karl Gottfried: FRÖHLICH PALZ, GOTT ERHALT'S! Gedichte in Pfälzer Mundart, Verlag Heinrich Ludwig Brönner, Frankfurt/M., 1847)· Aufl. bei Moritz Schauenburg-Verlag, Lah ̧aden, 1958.

44 NAHELAND-KALENDER. Verlag Fr. Fiedler, Bad Kreuznach, ab 1950/51.

45 Ott, Liesl: SUNNEBLUME – PÄLZISCHE GEDICHTE. Zweibrücker Druckerei und Verlagsgesellschaft, Zweibrücken, 1967.

46 PÄLZER HAUSSCHADULL. Gedichte in Mundart, Jahresgabe 1963 des Literarischen Vereins der Pfalz, Pfälzische Verlagsanstalt, Neustadt/W., 1963.

47 PFÄLZER WEINPOESIE – GEREIMTES VON HEIMAT, WEIN UND FROHSINN. Verlag D. Meininger, Neustadt/W., 1930.

48 Ponader, Hans: MEI ORGELPEIFE. Pälzer Humor, Druck: J. Reithmayer, Grünstadt, 1961.

49 Räder, Karl: PÄLZER HAUSGEMACHTE. Heitere Dichtungen in Pfälzer Mundart, Neustadt/W., 1920.

50 Räder, Karl: O PFÄLZER LAND, WIE SCHÖN BIST DU. Verlagsanstalt 'Wilhelm Marnet Nachf., Neustadt/W., 1948.

51 REISE VOLLER WUNDER. Anekdoten und lustige Geschichten aus MERIAN, 2. Folge, Verlag Hoffmann und Campe, Hamburg, 1963.

52 Reitz, Leopold: DAS WEINSTRASSENBUCH. EINE FEUCHTFRÖHLICHE ANGELEGENHEIT. Karl Graf-Verlag, Speyer, 1961.

53 Reitz-Sbresny, Inge: MAINZER GEBABBEL. Verlag Wolfgang Weidlich, Frankfurt/M., 1964.

54 Riehl, Wilhelm Heinrich: DIE PFÄLZER. EIN RHEINISCHES VOLKSBILD. J. G. Cotta'scher Verlag, Stuttgart und Augsburg, 1857.

55 Rottmann, P. J.: GEDICHTE IN HUNSRÜCKER MUNDART. Verlag Lintz u. Co., Trier, 13. Aufl., o. J.

56 Sommer, Lina: PÄLZER HAUSAPOTHEKE. Verlag Julius Waldkirch, Ludwigshafen, 1933.

57 Steitz, Karl (Redaktion): SCHOLLE UND HEIMAT. Bauernkalender für Rheinland-Pfalz, Pfälzer Bauernverlag, Waldfischbach, ab 1947.

58 STIMME DER PFALZ AM RHEIN. Zeitschrift für Politik, Kultur, Wirtschaft, Druck: Jaeger-Verlag, Speyer, ab 1949/50.

59 Trautz, Fritz: DIE PFÄLZISCHE AUSWANDERUNG NACH NORDAMERIKA IM 18. JAHRHUNDERT. Universitätsverlag Carl Winter, Heidelberg, 1959.

60 WESTRICH-KALENDER. Druck und Verlag: Thiemesche Druckereien, Kaiserslautern, ab 1925.

61 Windhäuser, Karl und Siegel, Ernst: HUNSRÜCKER STICKELCHER. Verlag F. Böhmer, Simmern, 1952.

62 Wingerter, Lorenz: PÄLZER MUDDERSCHBROOCH. Auslese klassischer Mundartdichtung, Verlag D. Meininger, Neustadt/W., 1955.

63 Zink, Albert: DIE PFALZ – MEIN HEIMATLAND. Eine Heimatkunde, Neustädter Druckerei und Verlagsanstalt, Neustadt/W., 1952.

64 Zuckmayer, Carl: ALS WÄR'S EIN STÜCK VON MIR. HOREN DER FREUNDSCHAFT. S. Fischer Verlag, Frankfurt, 1966.

65 ZUM LOBE DES WEINES. Neue und alte Gedichte deutscher Weinpoeten, Verlag D. Meininger, Neustadt/W., 1948.

Herkunftsnachweis

S. 6 Riehl (54); S. 10 Kobell (in 3), Münnich (40), Ebel (8); S. 11 nach Birkenfeld (13); S. 11/12 nach Münch (42); S. 12/13 nach Westrich (60); S. 13/15 nach Kühn (29); S. 15/16 nach Becker (4); S. 16 nach Münch (42), Münnich (38); S. 17 nach Mühl (35), Becker (3); S. 18 Becker (3), Riehl (54); S. 19 Riehl (54), Müller (in 3), Münch (42); S. 19/20 nach Ebel, Meininger und Becker (8 und 33); S. 20/21 Glückstein (in 3); S. 21/22 nach Münnich (38); S. 22/23 nach Ebel, Meininger, Becker und Kühn (8, 33, 28 und 29); S. 23 Becker (3), nach Steitz (57); S. 24 nach Heck (in 35); S. 25 nach Becker und Diener (3 und 7), nach Münnich (38); S. 26 Knebel (24); S. 27 Sommer (?); nach Räder (49), Knebel (24); S. 28 nach Räder (49), Münnich (40), Knebel (24), in Naheland (44); S. 30 nach Becker (3), Münch (42); S. 31/32 Räder (49); S. 33 nach Räder (49); S. 34/35 Münch (42); S. 36/37 Knebel (24); S. 37 Knebel (24), Zirbes (in 44), nach Riehl (54); S. 38 nach Meininger-Becker (33), Knebel (22); S. 39 Knebel (24); S. 39/40 nach Münnich (39); S. 40 nach Münnich (41), Münch (?); S. 40/41 nach Kühn (28); S. 41 Müller (in 46); S. 42 nach Riehl (54), Münnich (38), Nadler (?); S. 43 Reise (51), Kühn (29), Münch (42); S. 44 Kühn (27), Münch (in 21), Pfälzer Kurier (in 47); S. 44/45 Lehr (31); S. 45/46 nach Sommer (56); S. 46 Pfälzer Wein-Poesie (in 47); S. 46/47 nach Hallanzy (in 47); S. 47 Pfälzer Wein-Poesie (in 47); S. 47/48 Sommer (56); nach Birkenfeld (13); S. 49 Räder (50), Jester (17), Lehr (31); S. 50 Kühn (29), nach Kühn (29); S. 51 nach Kühn (29), Münnich (40), nach Mühl (35); S. 51/52 nach Räder (49); S. 52/53 nach Riehl (54); S. 53 Münch (36), nach Alzey (12); S. 53/54 Knebel (24); S. 54 nach Alzey (12), Knebel (22); S. 55 nach Becker und Räder (3 und 50), nach Mühl (35); S. 55/57 nach Hunsrück und Knebel (16 und 24); S. 58 nach Hunsrück (16); S. 59 nach Birkenfeld (13), nach Rottmann (55), Knebel (22); S. 60 nach Wingerter (in 2), Knebel (22), nach Westrich (60), nach Münnich (40); S. 61 Knebel (22), Heinrich (15), nach Münnich (39); S. 62 Heinrich (15), Knebel (24), nach Wingerter (in 2), Knebel (22); S. 63 nach Naheland (44); S. 63/64 nach Wingerter (in 2); S. 64 Zuckmayer (64); S. 66 Becker (3), nach Christoffel (6), nach Münnich (38); S. 67/68 nach Birkenfeld (13); S. 68 nach Frenken (in 33); S. 68/69 Reise (51); S. 69 Becker (3), Sommer (in 21), Becker (3); S. 71 nach Münnich (38), Knebel (24); S. 71/72 nach Gotthold (11); S. 72 Reise (51), nach Münnich (40); S. 73 nach Naheland (44), in Jung (18); S. 74 in Jung (19 und 18); S. 74/75 nach Mühl (35); S. 75 nach Reitz (52); S. 76 nach Jung (18), Knebel (24); S. 76/77 Knebel (24); S. 77 König (26); S. 78 Jung (18), Metzger (34); S. 78/79 nach Räder (49); S. 79 Mohr (in 21); S. 79/80 König (26); S. 80 Volksmund; Zuckmayer (64); S. 81 in Keller (21); S. 81/82 Räder (49); S. 82 nach König (26), nach Christoffel (6); S. 83 nach Räder und Knebel (12 und 24), nach Christoffel (6), nach Jung (18); S. 84 nach Alzey (12), nach Christoffel (6); S. 84/86 nach Christoffel (6), Münch (in 47); S. 87 nach König (26), Woll (?), Volksmund; S. 87/88 nach Jung (18); S. 88 nach Birkenfeld (13), Räder (50); S. 88/89 nach Jung (18), Volksmund, Münnich (37), nach Birkenfeld (13); S. 90 nach Birkenfeld (13), in Jung (18), nach Jung (18), Knebel (24); S. 91 nach Jung (18 und 19); S. 91/92 nach Jung (18); S. 93 Knebel (24), in Keller (47), nach Jung (18); S. 94 Knebel (24), nach Mostert (in 47); S. 94/95 nach Gebürsch (10); S. 95 Reitz (52), Knebel (24); S. 96 Heinrich (15); S. 96/97 Sommer (56); S. 97 nach Jung (20); S. 97/98 Münnich (39); S. 98 Knebel (22), Altpeter (in 13); S. 99 Lehr (31), in Jung (20), Betsch (in 6); S. 100 nach Heinrich (15), nach Räder (50); S. 101 Münnich (41), nach Räder (50), nach Windhäuser (61); S. 102 Münnich (41), nach Kühn (29), Münnich (40), nach Kühn (29); S. 103 Münch (42), nach Münnich (40 und 38); S. 104 nach Kühn (29), nach Münnich (41); S. 104/105 Münnich (40); S. 105 Münnich (40), nach Münnich (40); S. 106 nach Münnich (40); S. 106/107 nach Münnich (41); S. 107 nach Münnich (41); S. 108 A. (in 13), Münnich (37); S. 109 Knebel (24); S. 109/110 Knebel (22 und 23); S. 110 Knebel (24), Meininger-Becker (33), Knebel (23); S. 111/112 Münnich (37), Schworm (in 44), Knebel (23); S. 113/114 Serr (in 24); S. 114 nach Rottmann und Knebel (23 und 55); S. 115 nach Wingerter (in 2), nach Windhäuser (61); S. 115/116 nach Windhäuser (61); S. 116 nach Hunsrück (16); S. 116/117 Knebel (22); S. 117 nach Naheland (44); S. 117/118 nach Meininger-Becker (33); S. 118 nach Münnich (40), nach Räder (49); S. 118/119 nach Wingerter (in 2); S. 119 nach Meininger-Becker (33); S. 119/120 nach Windhäuser (61); S. 120/121 Meininger-Becker (33); S. 121 Volksmund, nach Becker (3), nach Buß (in 44); S. 122 nach Wingerter (in 2), in Steitz (57); S. 123 Knebel (22), Bohn (in 23); S. 124 Windhäuser (61); S. 125 nach Münnich (41), Knebel (22); S. 126 nach Münnich (42), Knebel (24); S. 127 nach Hunsrück (16), Knebel (24), Reise (51); S. 128 Klar (in 13), Knebel (24); S. 128/129 nach Naheland (44); S. 129 nach Windhäuser (61); S. 129/130 nach Diener (7); S. 130 nach Frank (?); S. 132/133 nach Naheland (44); S. 133/134 Liselotte von der Pfalz (30); S. 135 Glückstein (in 54); S. 135/136 nach Windhäuser (61); S. 136/137 Knebel (24); S. 138/140 Riehl (54), Münch (42), Räder (49).

Die in Klammern gesetzten Ziffern beziehen sich auf das Quellen- und Literaturverzeichnis (S. 142 bis 143), das zugleich eine Auswahl des Pfälzer Schrifttums darstellt. Die Ziffern sind in der Reihenfolge der Beiträge im Textteil den einzelnen Seiten zugeordnet. Häufig wurde aus den Quellen lediglich der Stoff, nicht auch der Wortlaut übernommen. Wörtlich übernommene Texte wurden im Nachweis nur mit den Namen des Verfassers, überarbeitete Texte mit dem Autorennamen und dem Zusatz »nach« gekennzeichnet.